EL PODER *de una* CONCIENCIA LIMPIA

Libros de Erwin Lutzer publicados por Portavoz:

Cuando le han ofendido

De pastor a pastor

La decepción de DaVinci

Doctrinas que dividen

Mantén vivo tu sueño

El poder de una conciencia limpia

Quién eres tú para juzgar

¡El Rey ya viene!

Siete trampas del enemigo

Tu primer minuto después de morir

¡Vence el temor al fracaso!

ERWIN W. LUTZER

EL PODER *de una* CONCIENCIA LIMPIA

EDITORIAL
PORTAVOZ

La misión de *Editorial Portavoz* consiste en proporcionar productos de calidad —con integridad y excelencia—, desde una perspectiva bíblica y confiable, que animen a las personas a conocer y servir a Jesucristo.

Título del original: *The Power of a Clear Conscience,* © 2016 por Erwin W. Lutzer y publicado por Harvest House Publishers, Eugene, Oregon 97402. Traducido con permiso.

Edición en castellano: *El poder de una conciencia limpia* © 2018 por Editorial Portavoz, filial de Kregel Inc., Grand Rapids, Michigan 49505. Todos los derechos reservados.

Traducción: Nohra Bernal
Diseño de portada: Dogo Creativo

Las cursivas añadidas en los versículos bíblicos son énfasis del autor.

EDITORIAL PORTAVOZ
2450 Oak Industrial Drive NE
Grand Rapids, Michigan 49505 USA
Visítenos en: www.portavoz.com

ISBN 978-0-8254-5762-3 (rústica)
ISBN 978-0-8254-6655-7 (Kindle)
ISBN 978-0-8254-7471-2 (epub)

1 2 3 4 5 edición / año 27 26 25 24 23 22 21 20 19 18

Impreso en los Estados Unidos de América
Printed in the United States of America

Dedicatoria

Dedico este libro a todas aquellas personas cuya conciencia les dice que han pecado demasiado para ser perdonados, o quienes piensan que su pasado define su futuro. Estas páginas fueron escritas para que todos podamos entender que cuando hemos cometido la peor falta, la gracia se levanta para sacar de ello lo mejor.

"Pero la ley se introdujo para que el pecado abundase; mas cuando el pecado abundó, sobreabundó la gracia; para que así como el pecado reinó para muerte, así también la gracia reine por la justicia para vida eterna mediante Jesucristo, Señor nuestro" (Romanos 5:20-21).

Contenido

1. Fuera de las sombras 9
2. No todo es culpa tuya 25
3. La voz de Dios o la voz del diablo 41
4. No hay condenación: No hace falta suicidarse 53
5. La verdad que duele y sana 69
6. El poder sanador de la luz 85
7. Conflictos de conciencia 103
8. Personas imposibles 117
9. Perdonado para siempre 135
10. Cuando no basta con disculparse 147
11. Una conciencia limpia: Cómo influir en una cultura hostil 165

1

Fuera de las sombras

No hay testigo más severo, ni acusador más pertinaz que la conciencia que habita en nuestro interior.

Sófocles

En *Hamlet,* Shakespeare escribió: "La conciencia nos hace a todos cobardes". ¡Cuán cierto es esto! Sin importar cuál sea tu trasfondo, ni en qué tradición religiosa hayas crecido, o si fuiste educado en un hogar sin religión, puedo asegurarte que en ocasiones has traicionado tu conciencia. Nuestra conciencia se sienta a juzgar todas nuestras acciones y dice: "¡Pillado! Has transgredido lo que sabes que es correcto".

En el libro *La guerra santa,* de Juan Bunyan, hay una ciudad llamada "Almahumana" (el alma del hombre) que es invadida por Diabolus (el diablo), el príncipe falso. Este malvado gobernante controla toda la ciudad excepto al pregonero, llamado el Anciano, la Conciencia. Aunque Diabolus se apodera de la ciudad, de vez en cuando el pregonero (la Conciencia) hace sonar la campana y recorre las calles de arriba abajo diciendo: "¡Diabolus es un mentiroso y engañador! ¡El Príncipe Emanuel es el verdadero príncipe de Almahumana!". En otras palabras, en un mundo dominado por el engaño, la voz de la Conciencia les recuerda a las personas que existe una ley superior a la que todos deben someterse. El mentiroso, Diabolus, no tiene la última palabra.

En 1968, Donald Crowhurst, un hombre de negocios inglés,

se salió de curso en su vuelta al mundo en el yate *Golden Globe*, tratando a todas luces de obtener la victoria de manera fraudulenta quedándose en la parte baja de la costa de Sudamérica, con la esperanza de unirse a sus competidores cuando regresaran de la vuelta. El hombre envió falsos reportes radiales de su progreso, y hubiera podido engañar al mundo de no ser porque su mentira lo abrumó de culpa.

Al sospechar Crowhurst que su fraude sería descubierto, se lanzó por la borda y se ahogó. Dejó sus anotaciones intactas, las cuales sacaron a la luz su engaño, de modo que fue evidente para todo el mundo que había planeado ganar la competencia con trampa. Al parecer, su deseo fue morir, en su mejor esfuerzo por reconocer sus hechos y limpiar su conciencia.

Nuestra conciencia tiene el poder para bendecirnos o condenarnos; puede llevarnos a lograr proezas para Dios o puede arrastrarnos al enojo, al insomnio y a una espiral de desesperanza. Esta voz interna no se satisface con nuestros raciocinios.

¿Qué es la conciencia?

¿Qué es la conciencia? La palabra misma se compone de las palabras *con* y *ciencia*, que significa "conocimiento". Conciencia es "conocimiento que nos acompaña", o más específicamente, el conocimiento que llevamos *en nuestro interior*. La conciencia es poderosa y, en este primer capítulo, vamos a examinar su origen y sus implicaciones para nuestra vida.

Hay tres importantes características de la conciencia que debemos estudiar.

Primero, que *la conciencia es universal*. Todas las personas tienen una conciencia. En el Nuevo Testamento, el apóstol Pablo argumenta que tanto los judíos, que tenían la ley de Dios y por tanto conocían su voluntad, como los gentiles, que no tenían la ley de Dios, habían infringido las normas de Dios y eran culpables delante de Él. Los judíos eran condenados por la ley de Dios, dice Pablo, mientras que los gentiles serán juzgados por su conciencia:

> Porque cuando los gentiles que no tienen ley, hacen por naturaleza lo que es de la ley, éstos, aunque no tengan ley, son ley para sí mismos, mostrando la obra de la ley escrita en sus corazones, dando testimonio su conciencia, y acusándoles o defendiéndoles sus razonamientos, en el día que Dios juzgará por Jesucristo los secretos de los hombres, conforme a mi evangelio (Romanos 2:14-16).

En cuanto a los gentiles, su conciencia va a acusarlos o justificarlos. La conciencia es la ley rudimentaria de Dios escrita en el corazón humano.

Hablé con una mujer que afirmó sentirse cómoda con el ateísmo. Si Dios existía, no estuvo presente para ella cuando ella lo necesitó. Con todo, admitió que a veces sentía culpa, remordimientos de conciencia y el discernimiento interior de que había cometido faltas graves. Ella confesó algunos de sus secretos oscuros que necesitaba procesar y admitió que era incapaz de hacer borrón y cuenta nueva. Esto dijo: "Sé que cuando enfrente la muerte, empezaré a preocuparme si 'hay algo en el más allá'".

No me malinterpretes. No quiero decir que todo el mundo tenga la misma norma del bien y del mal. Más bien digo que cada persona tiene una conciencia que juzga sus acciones, aun cuando el veredicto de la conciencia a menudo difiere entre culturas y hogares.

Todos hemos pasado por detectores de metal en los aeropuertos; a veces la hebilla de mi cinturón ha activado la alarma, pero a veces no. Me han dicho que las máquinas pueden graduar la potencia para ser más o menos sensibles. De igual manera, puede ser que mi conciencia se ajuste a una escala diferente a la tuya; puede ser que mi conciencia desapruebe una acción que la tuya aprueba. En asuntos menores, nuestro juez interior puede emitir un veredicto diferente, pero en los fundamentos morales hay un consenso general. Y cada individuo ha experimentado en ocasiones esa voz interior que le dice "lo que hiciste estuvo mal".

Incluso los paganos tienen una conciencia. Esto nos distingue de los animales. Sí los animales pueden experimentar algún grado de vergüenza, dependiendo del condicionamiento humano, pero no existe evidencia de que los animales se sientan atormentados por su propio comportamiento. Al león no le angustia privar a una madre ciervo de su cría; a la serpiente no le preocupa destruir los huevos de un pájaro; al oso no le duele atacar a un niño. Una prueba de la existencia de Dios es que los seres humanos, creados a su imagen, viven con un profundo sentido interior del "deber".

Segundo, la conciencia puede ser condicionada. Esta característica de la conciencia humana puede tener efectos tanto positivos como negativos. En un contexto completamente diferente, Pablo habla acerca de algunos cristianos cuya conciencia les impide hacer algo (como por ejemplo comer carne que ha sido ofrecida a los ídolos), mientras que la conciencia de otros les da la libertad para hacerlo (ver Romanos 14:1-4; 10-12). En un capítulo posterior trataremos en detalle estas diferencias.

Así pues, aunque la conciencia no sea siempre una guía infalible, sí aprueba o desaprueba las decisiones morales básicas que tomamos. En casi todos los seres humanos, la conciencia da testimonio en nuestro interior de que está mal robar, mentir y cometer inmoralidad sexual.

Tercero, *la conciencia tiene un poder extraordinario*. Puede atormentarnos día y noche, e incluso destruirnos. Más adelante hablaremos de Lady Macbeth, de la obra de Shakespeare, cuya conciencia atormentada la llevó al suicidio. (La buena noticia es que Lady Macbeth no tenía que cometer suicidio y, de hecho, nadie más).

He aquí nuestro dilema: por lo general, nuestra conciencia no nos molesta antes de cometer un acto en particular; permanece callada aun cuando estamos contemplando la posibilidad de hacer algo malo. Pero después, especialmente cuando nos acostamos a dormir en la noche, no cesa de perturbar nuestra paz. Estoy casi seguro de que la razón por la cual se usan tanto los somníferos es que muchas personas se acuestan con una conciencia que les roba el descanso. La conciencia puede robarnos el descanso en la noche y despertarnos temprano en la mañana. A veces incluso nos grita.

Soy amigo de un hombre cristiano cuya madre estuvo internada varias veces en un pabellón psiquiátrico cuando él era pequeño. Cuando tenía veintidós años, su madre le confesó que el hombre que él consideraba su padre biológico, en realidad no lo era. Su verdadero padre era un médico de la comunidad con quien ella había tenido un romance.

Imagina lo que esta confesión inesperada causó en este joven. Él luchó emocional y espiritualmente para aceptar quién era realmente y puso en duda su valía personal. Después de todo, estrictamente hablando, él no tenía por qué haber nacido.

A pesar de todo, hoy día tiene un ministerio eficaz y habla en varias iglesias con gozo, e invita a otros a experimentar una renovación espiritual. Él es la prueba de que tu origen no tiene por qué impedirte disfrutar de una vida bendecida y de ejercer una influencia positiva sobre otros. La clave es echar mano de la maravillosa y sublime gracia de Dios.

No debe sorprendernos que después de confesar que había engañado todos esos años, su madre no tuviera que volver nunca más al hospital psiquiátrico. Por fin estuvo en paz. Recuerdo que leí estas palabras de un médico: "Podría dar de alta a la mitad de mis pacientes si tan solo pudiera mirarlos a los ojos y asegurarles que han sido perdonados".

El eminente psiquiatra Karl Menninger escribió un famoso libro titulado *¿Qué ha sucedido con el pecado?* en el que dijo:

> La sola palabra "pecado", que parece haber desaparecido, solía ser una palabra imponente. Fue alguna vez una palabra fuerte, un término ominoso y serio. Pero la palabra ya no está. Casi ha desaparecido, junto con la

> noción. ¿Por qué? ¿Por qué ya nadie peca? ¿Ya nadie cree en el pecado?[1]

El doctor Menninger sotenía que la salud mental y la salud moral están íntimamente relacionadas, e insistió por tanto que los agentes de la enseñanza moral como los padres y educadores, son tan necesarios para el bienestar de una persona como lo es el psiquiatra. Por supuesto, como veremos más adelante, solo Dios puede en última instancia limpiar nuestra conciencia.

Hay un hombre que es un maravilloso cristiano y que tiene una esposa e hijos encantadores. Sin embargo, cada vez que se le invita a ser anciano de la iglesia, dice que no. Le preguntaron: "¿Por qué? Tienes talento. Conoces la Biblia".

Años después, le confesó a su pastor que cuando estaba en la universidad había tenido un romance con una joven que tuvo un hijo suyo, y que este vivía en otra ciudad. Él sabía que Dios lo había perdonado, pero dado que mantuvo este secreto oculto de su esposa, siempre se había sentido atormentado por su pasado. Espiritual y mentalmente era incapaz de superar su pasado. Él sabía que su silencio era engañoso y también que cualquier día su hijo podría aparecer en la puerta. Sin importar cuántas veces él justificaba su silencio, el hecho es que su hijo estaba presente siempre en su mente. (En un próximo capítulo hablaremos acerca del tema de la reconciliación con otros).

En el libro de Hechos, los primeros discípulos se caracterizaban por su gozo y alegría (ver 2:46). La razón principal de su gozo era que habían experimentado el perdón que los había librado de la condenación. El apóstol Juan expresó bellamente este gozo y libertad: "Amados, si nuestro corazón no nos reprende, confianza tenemos en Dios" (1 Juan 3:21). Si tenemos una conciencia que nos condena podemos seguir creyendo, pero sin mucha "confianza en Dios".

---

1. Karl Menninger, *Whatever Became of Sin?* (Nueva York: Hawthorn Books, 1973), p. 14. Publicado en español por Editorial Diana con el título *¿Qué ha sucedido con el pecado?*

El propósito de este libro es ayudarte a vivir con la confianza que viene de una conciencia limpia delante de Dios y de los hombres. ¡Alguien dijo que todos estamos ya sea en negación o en recuperación! Espero que en estas páginas nuestra negación quede expuesta y que avancemos hacia la recuperación.

El origen de la conciencia

Volvamos al principio. En el huerto de Edén, Adán y Eva tenían un ambiente perfecto: tenían toda la belleza, toda la comida y demás comodidades de la vida que pudieran desear.

Más aún, tenían comunión con Dios, quien se paseaba con ellos "al aire del día" (Génesis 3:8). Los teólogos usan la palabra *inocencia* para describir a esta pareja antes que el pecado entrara en el mundo. Piensa en la dicha que gozaban: Eva no tenía inseguridades. No tenía que competir con las supermodelos cuyos rostros aparecerían en los puestos de revista o junto a las cajas registradoras de los almacenes. ¡Ni siquiera tenía que levantarse en medio de la noche preguntándose si se había casado con el hombre correcto! Y a pesar de todo eso, ella y Adán decidieron pecar. Esta es la trágica historia:

> Pero la serpiente era astuta, más que todos los animales del campo que Jehová Dios había hecho; la cual dijo a la mujer: ¿Conque Dios os ha dicho: No comáis de todo árbol del huerto? Y la mujer respondió a la serpiente: Del fruto de los árboles del huerto podemos comer; pero del fruto del árbol que está en medio del huerto dijo Dios: No comeréis de él, ni le tocaréis, para que no muráis. Entonces la serpiente dijo a la mujer: No moriréis; sino que sabe Dios que el día que comáis de él, serán abiertos vuestros ojos, y seréis como Dios, sabiendo el bien y el mal (Génesis 3:1-5).

La serpiente prometió a Adán y a Eva que si ellos elegían ser su propio dios, podrían tomar decisiones independientes acerca del bien y el mal. De hecho, lo que la serpiente dijo a Eva fue: "*Siente,* no pienses. ¿No ves que el fruto es hermoso?”. Sabemos que Adán estaba sentado junto a ella, porque cuando le ofreció el fruto prohibido, él también comió junto con ella (v. 6). Es muy probable que el primer pecado haya sido que Adán renunciara a su responsabilidad como esposo, no impidiendo que Eva desobedeciera el mandato de Dios. En lugar de eso, fue cómplice de ella.

Las consecuencias inesperadas no tardaron en venir. Dios había dicho: “el día que de él comieres, ciertamente morirás” (Génesis 2:17). Adán y Eva no tenían experiencia con la muerte, de modo que pensaron que podrían manejar cualquier consecuencia. Además, si no comían, siempre se preguntarían cómo hubiera sido; la curiosidad habría engendrado el remordimiento de no haberse arriesgado a desobedecer.

Lo que la pareja no sabía era que con su desobediencia ellos acababan de derribar la primera ficha del interminable dominó que sigue cayendo hasta hoy. Nunca hubieran podido predecir que un día tendrían un hijo llamado Caín que mataría a su hermano, Abel. El mal entró así a la raza humana y se movería a lo largo de la historia, trayendo destrucción consigo.

Ellos no pudieron prever las consecuencias de su pecado, como tampoco nosotros podemos prever las consecuencias del nuestro. Como una pelota de baloncesto, tratamos de sumergirnos en el océano y, aunque pensemos que hemos logrado ocultar nuestra realidad, va a resurgir en algún otro lugar. ¡Las consecuencias imprevistas nos atormentan!

La entrada de la vergüenza

Antes de que pecaran, Adán y Eva no necesitaban la voz de la conciencia porque eran libres de culpa. Esto dice Génesis 2:25: “Y estaban ambos desnudos, Adán y su mujer, y no se avergonzaban”.

No obstante, cuando el pecado entró en sus vidas, todo cambió. Su conciencia empezó a condenarlos.

> Y oyeron la voz de Jehová Dios que se paseaba en el huerto, al aire del día; y el hombre y su mujer se escon-

> dieron de la presencia de Jehová Dios entre los árboles del huerto. Mas Jehová Dios llamó al hombre, y le dijo: ¿Dónde estás tú? Y él respondió: Oí tu voz en el huerto, y tuve miedo, porque estaba desnudo; y me escondí. Y Dios le dijo: ¿Quién te enseñó que estabas desnudo? ¿Has comido del árbol de que yo te mandé no comieses? (3:8-11).

¿Quién les dijo que estaban desnudos? No había otro ser humano escondido en las sombras diciéndoles que habían pecado. Ningún pájaro desde un árbol divulgó las nuevas. Su propia *conciencia despierta les dijo que habían pecado y que tenían razón para sentir vergüenza*.

Cada ser humano ahora tendría experiencias similares. Muchos niños serían criados en hogares fundados en la vergüenza: no solo crecerían sintiéndose culpables sino que también padecerían por causa del pecado y la vergüenza de sus padres.

He titulado el siguiente capítulo "No todo es culpa tuya" porque a menudo heredamos la vergüenza o la culpa de nuestros padres. La pobreza, el alcoholismo, las adicciones, los quebrantos y el maltrato, traen vergüenza a la vida de un hijo. Las consecuencias pueden ser devastadoras.

La vergüenza de Adán y Eva los llevó a esconderse. Se escondieron de Dios y el uno del otro. Trataron de manejar su pecado encerrando su culpa en un compartimento de sus vidas y usando su mente ya sea para justificar su desobediencia o callar su insistente conciencia. Ahora tenían una vida oculta y una vida pública; la vida oculta no debía ser vista de nadie, para que no quedara en evidencia su vergüenza.

Todos tenemos una vida oculta que no queremos que otros vean. Recuerdo una declaración del respetado J. Vernon McGee, cuando hablaba desde la plataforma de la iglesia Moody durante la conferencia bíblica anual del Instituto Bíblico Moody. Con su voz ronca dijo: "Si conocieran mi corazón como yo lo conozco, no me escucharían". Luego hizo una pausa y dijo: "Ahora, antes de apresurarse a la salida, si yo conociera sus corazones como ustedes los conocen, yo ni siquiera estaría hablando con ustedes".

El pecado en la parte oculta de nuestra vida puede llegar a convertirse en una adicción, e incluso terminar en un comportamiento criminal. He aquí una situación hipotética que ha sucedido muchas veces: en el compartimento A, el señor González es un maestro de escuela dominical al que se tiene en gran estima. Es respetado en la comunidad y en su iglesia. Pero en el compartimento B, el señor González es un maltratador en su casa. Es un alcohólico. Es un adicto. Ha aprendido a manejar su pecado y a poner una fachada de hombre justo. Su pecado y vergüenza deben ocultarse a toda costa.

Es como los hombres que quieren borrar todo del disco duro de su computadora para poder presentar una imagen limpia ante los demás; no quieren que nadie se entere de lo que ellos acostumbran ver. Deben cubrir su vergüenza.

Mi punto es simplemente que el pecado de Adán y Eva nos ha afectado a todos; todos hemos nacido en pecado (ver Salmos 51:5). Solo ser sinceros delante de Dios y, a veces, delante de los demás, limpia nuestra conciencia.

La vergüenza lleva a culpar a alguien

Adán jugó la carta de la culpa tan pronto Dios lo confrontó. Adán estaba escondido, así que Dios le preguntó: "¿Quién te enseñó que estabas desnudo? ¿Has comido del árbol de que yo te mandé no comieses?" (Génesis 3:11). Él tenía lista la respuesta: "La mujer que me diste por compañera me dio del árbol, y yo comí". ¡Es culpa *de la mujer*!

Permíteme parafrasear la respuesta de Adán. "Señor, ¡en realidad es *tu* culpa! Esta mujer carente de voluntad que *tú* me diste comió del fruto y me lo ofreció. ¿Qué podía hacer? Es culpa de *ella*". ¡Observa que Adán culpó a su esposa a pesar de que era absolutamente imposible que se hubiera casado con la mujer equivocada!

Ahora le llegaba el turno a Eva para echar culpas. "Entonces Jehová Dios dijo a la mujer: ¿Qué es lo que has hecho? Y dijo la mujer: La serpiente me engañó, y comí" (Génesis 3:13).

Alguien dijo: "Entonces el hombre culpó a la mujer, la mujer culpó a la serpiente, y la serpiente no tenía cómo sostenerse en pie frente a las acusaciones". Como dijo el humorista Will Rogers: "Hay dos eras en la historia estadounidense: el paso del búfalo y el paso de las culpas".

La historia se repite constantemente. Tan pronto el pecado de una persona queda en evidencia, empieza a echar culpas. "Es culpa *de él*". "Es culpa *de ella*". "Es culpa *de los niños*". "Es culpa *de mi jefe*". Las personas van a defenderse a toda costa. Si es necesario, llegarán a una confrontación con un montón de mentiras, listos para justificarse.

En su novela *La caída*, Albert Camus, el famoso filósofo secular francés, dijo: "Cada cual insiste en defender su inocencia a toda costa, aun si es preciso acusar a toda la raza humana y al cielo mismo[2]".

Nos empecinamos. Si necesitamos mentir, mentimos. Si no podemos mentir, torcemos la verdad. Transferimos la culpa porque tenemos que ocultar nuestro verdadero yo, de los demás e incluso de nosotros mismos, y sí, incluso de Dios si fuera posible.

Sin embargo, la conciencia no olvida y no puede ser silenciada. Aun cuando pensamos que hemos logrado callarla, reaparece en momentos inesperados.

No hay regreso a la inocencia

Una vez se pierde la inocencia, es imposible recuperarla. Adán y Eva fueron expulsados de Edén. Nosotros tampoco podemos volver a los días de nuestra inocencia. Una joven que ha perdido la virginidad no puede recuperarla. Un hombre que ha abandonado

---

2. Albert Camus, *The Fall*, traducción de Justin O'Brien (Nueva York: Vintage, 1991), p. 81. Publicado en español por Aguilar (1961) con el título *La Caída*.

a su familia y ha forzado a sus hijos a vivir sin un padre, no puede deshacer sus decisiones egoístas. No podemos orar como el adolescente que dijo: "Oh Dios, te pido que este accidente no haya sucedido". El pasado es pasado y no hay vuelta al Edén.

Todo cambió para Adán y Eva. Tan pronto comieron del fruto, "fueron abiertos los ojos de ambos, y conocieron que estaban desnudos; entonces cosieron hojas de higuera, y se hicieron delantales" (Génesis 3:7).

Lo que dijo Satanás fue, en parte, verdad. Sus ojos fueron abiertos a la realidad de su desnudez. Para cubrir su vergüenza, ellos hicieron delantales de hojas de higuera. Desde entonces, hemos cosido nuestras propias hojas de higuera para ocultar lo que somos verdaderamente y cubrir nuestra vergüenza. Y pensamos: *Nadie me verá jamás como una persona deficiente, nadie me verá jamás como soy realmente. Nadie verá mi vergüenza.*

Para algunos, las hojas de higuera son vestiduras elegantes en el sentido literal; para otros, un cuerpo esbelto. Para otros es lograr el éxito en los negocios, para lo cual están dispuestos a pasar por encima de los demás con tal de alcanzar sus metas. Entonces ya sea dinero, fama, sexo, o una combinación de los tres, las personas están dispuestas a destruir a sus familias, engañar, o lo que sea necesario para sentirse valiosas.

Entre tanto, detrás de la apariencia de éxito esconden un profundo sentimiento de insuficiencia, vergüenza y una conciencia agitada. Las hojas de higuera no cubren todas las partes ocultas. La podredumbre interior no desaparece. Y aun así, insisten en llevar bien puesta la máscara.

"¡Solo adórame y seremos amigos!", dice el aviso de una camiseta. Pero si dependiera de nosotros, no solo desearíamos ser adorados, sino superar a cualquier dios rival. Sentimos la necesidad de vernos mejores que la persona a nuestro lado.

Cuando las hojas de higuera no logran ocultar la desesperación interior y la culpa, las personas se vuelcan al alcoholismo, las drogas y el sexo. Y en su desilusión, pueden terminar víctimas del suicidio.

La sanidad de Dios para una conciencia dañada

¿No te alegra saber que la historia de Adán y Eva, y la nuestra, no termina con las hojas de higuera? Dios intervino a favor de nuestros primeros padres y lo hace también por nosotros.

Dios salió en busca de Adán y de Eva. Observa que ellos no estaban buscándolo a Él. Ellos no estaban diciendo: "¿Dónde podemos encontrar a Dios? Corramos a Él y veamos si podemos restaurar nuestra comunión con Él".

No. Ellos se escondieron de Dios y nosotros hacemos lo mismo. El Nuevo Testamento confirma que "no hay quien busque a Dios… no hay ni siquiera uno" (Romanos 3:11-12). Tú dices "yo he buscado a Dios". Pero en realidad es Dios quien tomó la iniciativa y empezó a buscarte y te encontró. Él vino a buscarte. En Juan 15:16 Jesús dice: "No me elegisteis vosotros a mí, sino que yo os elegí a vosotros".

Dios vino al huerto con vestidos para que Adán y Eva no tuvieran que soportar la culpa y la vergüenza que los agobiaba. "Y Jehová Dios hizo al hombre y a su mujer túnicas de pieles, y los vistió" (3:21). ¿Dónde consiguió Dios las túnicas de pieles? Es obvio que sacrificó unos animales que Él había creado. Dios quiso decir desde el principio que *no hay nada barato que cubra el pecado.*

Puede que nuestras hojas de higuera mejoren nuestra apariencia ante los demás, pero son incapaces de ocultarnos de Dios. Sin embargo, gracias al ropero de Dios podemos vivir con una conciencia que ya no nos condena. La sangre que fue derramada en el sacrificio de los animales y que proveyó las túnicas para Adán y Eva es figura del sacrificio supremo y suficiente de Jesucristo, quien derramó su sangre por nosotros. Esta es la respuesta de Dios frente a nuestro pecado y no es algo barato. Nuestro pecado puede ser cubierto, pero nosotros somos incapaces de hacerlo.

Como descubrieron Adán y Eva, las consecuencias del pecado son desastrosas, pero nuestra culpa no tiene la última palabra. Cuando yo era niño, se derramó aceite en el piso de concreto de nuestro garaje y la mancha nunca se borró. Por esta razón, si queríamos trabajar sobre el concreto, teníamos que cubrir con una lona la mancha. A nuestros ojos, era como si el incidente del aceite derramado nunca hubiera ocurrido.

Empezando con su primer sacrificio de sangre por el pecado en Génesis 3, Dios seguiría obrando más profundamente en el corazón humano a fin de que no solo fuéramos perdonados, sino que nuestros corazones quedaran verdaderamente limpios. Se trataba no solo de cubrir el pecado, sino mejor aún, de quitarlo.

Y esto conduce al tema de este libro: *Dios puede tomar nuestro pasado y cubrirlo, y luego limpiar nuestra conciencia.* Él ha hecho posible que no solo seamos perdonados, sino que podamos acercarnos a Él con una conciencia limpia.

Las acusaciones pueden cesar. Podemos dormir en la noche cuando estamos en comunión con Dios y, en la medida de lo posible, en comunión con otros. Hay suficiente gracia en el corazón de Dios para nuestros pecados pasados.

Las consecuencias que perduran

Sí, los pecados de Adán y Eva fueron perdonados. Volvieron a tener comunión con Dios, pero nada volvió a ser igual. Tal vez, ya con sus túnicas puestas, tuvieron una discusión. Adán dice:

—Bueno, tú lo hiciste primero.

—Sí, pero tú estabas junto a mí.

—Está bien, yo estaba allí, pero ¿quién dio la primera mordida? ¿Quién va a arreglar este desastre?

—¡No me mires a mí! Mírate a ti mismo, Adán. ¿Acaso no te dijo Dios que debías ser la cabeza de nuestro hogar? Él te va a pedir cuentas. Tú estabas allí a mi lado. ¿Por qué no dijiste algo?

Eva tiene razón; Dios sí le pide cuentas a Adán. Pero ella tampoco puede evadir su responsabilidad. Hay demasiada culpa para dar rodeos. Podemos imaginar que las discusiones siguieron cuando tuvieron que sufrir a Caín, un hijo problemático que mató a Abel, su hermano menor.

Y así, rápidamente, la historia entera de la raza humana se desplomó cuando el mal hizo de las suyas. Tú y yo estamos hoy atrapados en esta misma espiral de malos deseos en nuestro interior y tentaciones que nos asedian. Nacimos con una naturaleza pecaminosa y vinimos a este mundo bajo la condenación de Dios. Sentimos la punzada de la culpa por lo que hemos hecho y por lo que no hemos hecho. Incluso sentimos vergüenza por lo que otros nos han hecho.

En su gracia, Dios impidió que Adán y Eva regresaran al Edén. Si hubieran regresado y hubieran comido el fruto de la vida, habrían vivido para siempre como pecadores.

Dios tenía un mejor plan.

Enviaría a Jesús para redimirnos por completo: cuerpo, alma y espíritu. El pecado ganaría muchas batallas, pero perdería la guerra. Gracias al sacrificio de Jesús, podemos en esta vida ser perdonados por la eternidad. Al morir, nuestro espíritu se encuentra con Dios y, más adelante, nuestros cuerpos resucitarán. Un cielo inimaginable está siendo preparado para todos los que confían en el Redentor de Dios.

El problema que tenemos por delante no es la gravedad de nuestro pecado, aun cuando pensemos que hemos cometido el peor pecado imaginable. "Pero la ley se introdujo para que el pecado abundase; mas cuando el pecado abundó, sobreabundó la gracia" (Romanos 5:20). La gracia cambia las reglas del juego. El pecado pierde su poder en presencia de la gracia sobreabundante de Dios.

Hace poco leí un libro extraordinario acerca de un capellán del ejército estadounidense llamado Henry Gerecke. Era un pastor luterano que ingresó al ejército durante la Segunda Guerra Mundial. Puesto que hablaba alemán, fue enviado a servir como capellán de los crueles líderes nazi que eran juzgados en Núremberg, Alemania, por sus horribles crímenes. Aunque parezca increíble, al menos seis de ellos (y quizá siete), la mayoría de los cuales fueron colgados como pena por sus crímenes, pusieron su fe en Jesús para salvación como resultado del testimonio fiel del capellán Gerecke[3].

---

3. Tim Townsend, *Mission at Nuremberg* (Nueva York: Harper Collins, 2014). Recomiendo esta fascinante historia del pastor Gerecke a quienes dudan del poder de Dios para salvar al criminal más vil.

¡La gracia no es justa! Fue lo que pensé cuando leí estas historias de redención. Pero el brazo extendido de la gracia alcanza a aquellos que indudablemente no la merecen. Alcanza a quienes merecen el infierno… ¡nos alcanza a todos!

"Bienaventurado aquel cuya transgresión ha sido perdonada, y cubierto su pecado. Bienaventurado el hombre a quien Jehová no culpa de iniquidad, y en cuyo espíritu no hay engaño" (Salmos 32:1-2).

Tu conciencia puede ser silenciada legalmente. Permite que tu acusador invisible te dirija hacia Dios y no que te aleje de Él. Deja que Dios te encuentre.

Tu pasado no tiene la última palabra.

Medita en la Palabra

Bienaventurado aquel cuya transgresión ha sido
perdonada, y cubierto su pecado.
Bienaventurado el hombre a quien Jehová no culpa
de iniquidad,
y en cuyo espíritu no hay engaño (Salmos 32:1-2).

Reflexiona

¿Por qué piensas que Dios permitió que Adán y Eva tuvieran la oportunidad de pecar? Piensa en las decisiones que has tomado y que acarrearon consecuencias inesperadas. ¿Pudiste experimentar el perdón de Dios a pesar de tu falta?

¿Qué hojas de higuera llevamos puestas para cubrir nuestra vergüenza y culpa?

Haz una pausa para dar gracias a Dios por su provisión para cubrir nuestro pecado para siempre.

2

No todo es culpa tuya

Toda paz interna y externa se basa en esta experiencia vertical: ¿Tengo paz con Dios? ¿Soy abierto y sincero con Dios? ¿Somos amigos?[1]

John Piper

Imaginemos que estamos sentados en una mesa disfrutando una taza de café (¿o prefieres té?). Supongamos que estás luchando con la culpa por algo que has hecho, pero también me cuentas acerca de tu trasfondo de maltrato familiar. Es evidente que los errores de tus padres afectaron tu vida y las consecuencias siguen acumulándose.

He aquí mi deseo para ti: "el propósito de este mandamiento [o instrucción] es el amor nacido de un corazón limpio, y de buena conciencia, y de fe no fingida" (1 Timoteo 1:5). Dicho de otra manera, sin un corazón limpio no puedes tener una buena conciencia. Y sin una buena conciencia y un corazón limpio, en realidad no puedes dar ni recibir amor. Estas tres cualidades —amor, fe y una buena conciencia—, están íntimamente relacionadas.

Supongamos que creciste con un padre maltratador y alcohólico, y una madre indiferente y pasiva que justificó a tu padre, permitiéndole que siguiera mintiendo, justificándose y maltratando. O

1. John Piper, "The Key to Experiencing Christmas Peace in Your Life Today", 25 de diciembre, 2015, http://www.desiringgod.org/interviews/the-keys-to-experiencing-christmas-peace-in-your-life-today.

puede ser que tu situación haya sido diferente, pero en resumidas cuentas tienen un denominador común: creciste en un hogar donde había secretos familiares, donde nadie podía hablar sinceramente de su dolor, de sus temores, del maltrato, sin importar de qué manera sucedió. La vergüenza siempre fue encubierta de manera superficial.

El propósito de este capítulo es ayudarte a dejar atrás tu bagaje emocional de culpa, vergüenza y enojo. O al menos ayudarte a continuar tu vida con una carga más ligera, tomando pasos hacia una "buena conciencia", sin que el pasado bloquee constantemente tu camino para buscar un futuro más satisfactorio.

Algunos consejeros hacen la distinción entre culpa y vergüenza, pero por ahora yo voy a usar las dos palabras de manera intercambiable. Creo que la vergüenza es una subcategoría de la culpa. O podríamos decir simplemente que estoy hablando del bagaje de culpa de tu pasado, sea como sea que se le defina.

Culpa ajena

Tengo buenas noticias para ti: *¡no todo es culpa tuya!* Parte de la culpa que llevas en la vida puede ser el resultado de tus actos, pero no toda lo es. Con frecuencia, los hijos heredan vergüenza y culpa, especialmente de los padres. Una generación las transmite a la siguiente y el ciclo se repite. A continuación, presento algunos ejemplos.

Padres maltratadores

Echemos de nuevo una mirada a los padres ásperos e indiferentes que no te han valorado. Una vez, cuando estaba en el supermercado, vi cómo una madre haló de un tirón a su hijo y le gritó: "¿Por qué eres tan estúpido? ¿No sabes cómo portarte?". Si eso hace ella en público, imagínate lo que hará cuando llegan a casa. Las familias destruidas producen ira y la ira descontrolada lleva al maltrato, y el maltrato causa vergüenza.

El mundo entero se indignó cuando el famoso jugador de fútbol golpeó a su novia y la dejó inconsciente en un ascensor. Ese acto inexcusable de maltrato fue grabado en cámaras de seguridad, pero me temo que si hubiera cámaras ocultas en nuestros hogares, descubriríamos que el maltrato existe casi en todas partes, a puerta cerrada y, a menudo, en familias que asisten a la iglesia. Por desdicha, lo que ese jugador de fútbol hizo no es inusual.

Una mañana, mi esposa Rebecca y yo conducíamos de camino a Chicago, cuando yo le dije: "¿Te imaginas la cantidad de maltrato que hubo en esta ciudad anoche o esta mañana?". Es un mal que está presente en todas partes y, si tú has sido víctima, sin duda has heredado la debilitante vergüenza y la culpa que la acompaña, y que susurra: "No vales nada", o incluso tal vez: "Todo lo malo que te sobreviene es culpa tuya".

El maltrato es el principal responsable de una epidemia de vergüenza en este mundo.

Padres adictos

No quiero exagerar la influencia de una crianza equivocada, pero debo señalar en una categoría especial a los padres adictos. Los padres adictos son manipuladores y, con frecuencia, obligan a sus hijos a mentir para encubrir los secretos familiares. Los padres adictos usan a sus hijos para su propio beneficio. Aun cuando se hacen mayores, los padres adictos siguen motivando a sus hijos mediante la culpa, las excusas y culpando a otros por cualquier "mala suerte" que ellos experimentan.

Una mujer que fue criada por una madre controladora que usaba la culpa como motivación, dijo: "Mi madre debe tener toda la franquicia del medio oeste en términos de distribución de culpa". ¿Puedes imaginar qué clase de cosas dice su madre? "Después de todo, ¿no te educamos? ¿Acaso no nos debes amor y permitirnos disfrutar a nuestros nietos? Y, a propósito, también necesito dinero". Sí, esa mujer tenía suficiente culpa para sí misma, pero también para todo aquel a quien quería controlar. Su hija tuvo que poner límites y dejar de ser un títere frente a las exigencias emocionales y financieras de su madre.

Sí, los límites son necesarios. Un hombre me dijo: "Cada vez que mi suegra viene a visitarnos, destruye nuestras relaciones familiares. Trata de dividirnos a mi esposa y a mí, e incluso nos critica delante de nuestros hijos". Mi respuesta fue: "Sean amorosos pero firmes. Tu responsabilidad es proteger a tu esposa y a tus hijos". *Adivina, abuela: ya no eres bienvenida en nuestra casa.*

Todos somos responsables de nuestras propias culpas, pero no tenemos por qué aceptar la culpa y la vergüenza heredadas de padres o abuelos insensibles, controladores y egoístas.

Errores involuntarios

La falsa culpa puede tomar muchas formas. A veces nos sentimos culpables por errores involuntarios. La falsa culpa es subjetiva y se refiere a la culpa que adquirimos pero no merecemos. Por otro lado, la culpa objetiva significa que somos culpables por algo que sí hemos hecho. La falsa culpa es con frecuencia difícil de identificar y reconocer.

Mis padres conocieron a una mujer que convenció a su esposo de ir a un concierto. Él, a regañadientes, la acompañó, y esa noche ellos sufrieron un accidente automovilístico en el que él perdió la vida. Durante trece años, esta mujer visitó religiosamente la tumba de su esposo, cargando sobre ella toda la responsabilidad y la culpa por haberlo convencido de acompañarla a ese concierto.

Desearía haber podido decir a esta mujer: "Dios no quiere que te sientas culpable por algo que hiciste con la mejor intención". Todos hemos convencido en algún momento a nuestra pareja para que nos acompañe a un lugar a donde no quería ir, y la tragedia pudo sobrevenirle a cualquiera.

Luego pienso en la madre cuya niña pequeña le preguntó: "Mami, ¿puedo cruzar la calle?". Y la madre, al no ver automóviles cerca, le dijo sin pensar *sí*. La niñita se lanzó a la calle y murió atropellada.

Ningún padre supera jamás esa clase de tragedia, pero ten la seguridad de que Dios no nos culpabiliza por un error trágico. Llega el momento en que debemos aceptar lo que sucedió y, de la mejor manera posible, seguir adelante. Como dijo Elisabeth Elliot al final de su vida: "La paz reside en la aceptación".

Dios quiere que tengamos una buena conciencia y Él está dispuesto a ayudarnos a superar la culpa, la vergüenza y el remordimiento por un error involuntario. Él comprende. Él sabe. A Él le importa.

Vergüenza por explotación sexual

Permíteme ahora comentar acerca de una de las formas de vergüenza más devastadoras e inmerecidas. Se trata de la vergüenza que sufren las víctimas de explotación sexual. Quiero ilustrar esto con una historia trágica en 2 Samuel 13:1-22 que involucra a la hija del rey David, Tamar, a su medio hermano Amnón y a su hermano Absalón.

David tenía varias esposas, de modo que había varios niveles de relación en esta familia disfuncional. Tamar era una joven virgen muy hermosa y su medio hermano Amnón ardía de deseos lujuriosos por ella. De hecho, la Biblia dice que "estaba Amnón angustiado [de lujuria] hasta enfermarse por Tamar su hermana, pues por ser ella virgen, le parecía a Amnón que sería difícil hacerle cosa alguna" (2 Samuel 13:2).

El acto vil

Amnón tenía un amigo llamado Jonadab que era muy "astuto" (v. 3). Jonadab notó que día tras día Amnón andaba decaído y le preguntó qué le molestaba. Amnón le contó acerca de su deseo lujurioso por Tamar y Jonadab urdió un plan que era más o menos el siguiente: "¿Por qué no finges que estás enfermo, y le pides a tu padre, el rey David, que envíe a Tamar con comida? Luego, cuando estén solos en tu habitación, puedes hacer lo que quieras" (ver v. 5). Lo que Jonadab quiso decir fue: "Puedes forzarla y violarla".

El plan le pareció bien a Amnón. Mientras fingía estar enfermo, su padre David vino a verlo y Amnón le comunicó su maligna petición (v. 6). David accedió y neciamente le dijo a Tamar: "Ve ahora a casa de Amnón tu hermano, y hazle de comer" (v. 7).

Tamar obedeció a David y, cuando estaba a solas con Amnón, él dijo: "Ven, hermana mía, acuéstate conmigo" (v. 11). Ella respondió:

"No, hermano mío, no me hagas violencia; porque no se debe hacer así en Israel. No hagas tal vileza" (v. 12). Pero el ruego de Tamar cayó en oídos sordos y Amnón abusó sexualmente de ella.

Una vergüenza que todo lo consume

Una de las tragedias del abuso sexual es que los abusadores no escuchan el clamor de las víctimas cuando piden ayuda. "¿Adónde iría yo con mi deshonra?" (v. 13) es una declaración que nos hace llorar. ¿Qué haría ella con su deshonra? ¿A dónde podría llevar su vergüenza? ¿Cómo podría soportar esa carga emocional tan pesada, la afrenta de una mujer deshonrada?

Amnón violó a su medio hermana sin interesarse en lo más mínimo por ella. Y la situación empeoró. Después de cometer su crimen, "la aborreció Amnón con tan grande aborrecimiento, que el odio con que la aborreció fue mayor que el amor con que la había amado" (v. 15). En el abuso sexual, el odio y la lujuria a menudo van de la mano.

Tamar fue expulsada de la habitación y cerraron la puerta detrás de ella. Después de ser violada, fue humillada. Ella expresó desolación conforme a la costumbre de la época poniendo cenizas sobre su cabeza, rasgando el vestido de diversos colores que llevaba puesto (que era además una señal de su virginidad perdida) y se fue gritando (v. 19).

Quizá la parte más triste de la historia es que este crimen marcó el resto de su vida. Leemos en la Biblia que "se quedó Tamar desconsolada en casa de Absalón su hermano" (v. 20). La vida de esta mujer inocente no quedó arruinada por la vergüenza de sus propios actos, sino por lo que alguien le hizo a ella. Había sido deshonrada por un hombre malvado y egoísta. Su vida quedó arruinada por el odio y la vergüenza.

¿Qué hizo David su padre cuando se enteró de esta vileza? La respuesta es *nada*. "Y luego que el rey David oyó todo esto, se enojó mucho" (v. 21). ¿Por qué no salió en defensa de Tamar y a ejecutar justicia contra Amnón? Sí, se enojó, pero como todos los padres pasivos, no hizo nada.

Yo creo saber por qué. Apenas dos capítulos antes, en 2 Samuel 11, leemos que David cometió adulterio con Betsabé y asesinó a su esposo Urías para encubrir sus actos. Debido a esto, David perdió la autoridad moral en su familia. Así se convirtió en el típico padre pasivo que se enoja con sus hijos pero no tiene injerencia real en sus vidas. El padre pasivo lleva su propia carga de culpa y vergüenza y no sabe cómo controlar a su familia disfuncional. En lugar de enfrentar sus propios problemas para tratar de recuperar su autoridad, prefiere mirar a otro lado.

El mundo está lleno de mujeres (y hombres) jóvenes que, al igual que Tamar, han sido ultrajados y han sufrido abuso, y cargan con la afrenta del abuso ajeno.

Consecuencias de la culpa y la vergüenza

Quienes han heredado la vergüenza por causa del mal cometido contra ellos pueden fácilmente volcarse a diversas formas de conducta destructiva. ¿Cuáles son algunas maneras como las víctimas de culpa y vergüenza impuestas manejan el conflicto interior en su corazón?

La destrucción de la valía personal

Es muy triste que muchas víctimas de abuso se casan con un abusador. Hay una atadura con el abuso, al punto que la víctima siente que merece que la traten mal. Si no están siendo abusadas, sienten que no están recibiendo lo que merecen. En lugar de atribuir la culpa al que le corresponde, muchos hijos que sufren abuso son forzados a sentirse tan manchados e indignos que llegan a creer que *merecen* el abuso.

Recuerda que los abusadores también son expertos manipuladores. Dicen cosas como: "¡Si no fueras tan mala esposa no te habría golpeado!" o "Si le cuentas a alguien lo que he hecho, destruirás a nuestra familia y me aseguraré de que seas la culpable".

Si se reprende a los niños con palabras hirientes y con suficiente frecuencia, llegarán a creer las advertencias y acusaciones. Se volverán adictos al fracaso, adictos al maltrato. Su expectativa en la vida será el fracaso y desarrollarán lo que se denomina “desesperanza adquirida”. Aun cuando estas víctimas tienen la oportunidad de cambiar o abandonar la situación de maltrato, muchas no lo hacen.

Aquí es donde las familias sanas tienen que intervenir para brindar a estos niños la esperanza y la seguridad de que su futuro puede ser diferente a su pasado. Hay que reconocer a las víctimas, hacerles saber que son dignas, que merecen recibir la afirmación y la aceptación de otros y, más que nada, la seguridad de que Dios las ha acogido en su familia.

Conductas compulsivas

Otra manera perjudicial de manejar la culpa y la vergüenza inmerecidas es mediante conductas compulsivas. Por ejemplo, hay personas que lavan sus manos o toman baños frecuentes, varias veces al día, porque esto les provee cierto alivio de sentirse sucios o responsables de su incapacidad. Otras personas, particularmente niños y adolescentes, se autoinfligen dolor porque se sienten tan indignos que piensan que merecen sufrir. Se sienten culpables por el simple hecho de estar vivos. Han sido denigrados y despreciados durante su crianza o a través de las relaciones con personas cercanas, como lo fue Tamar. Entonces se cortan sus muñecas y se sienten mejor por un instante, pensando que su propia sangre “saldará las cuentas” y aliviará su conciencia atormentada y su sentimiento de indignidad.

Las personas perfeccionistas temen quedar expuestas o ser vistas como incapaces. Temen quedar al desnudo, en sentido figurado. Por esta razón, exigen perfección de sí mismas y de las personas a su alrededor. Desarrollan un enojo latente contra ellos mismos porque no viven a la altura de sus propias expectativas. Y también viven enojados con otros que no alcanzan a cumplir su medida inalcanzable. De ahí que vivan infelices con todo y con todos, al tiempo que siguen esforzándose por alcanzar la perfección en un ciclo de expectativas frustradas y enojo, que se repite sin cesar. Como temen ser avergonzados, mantienen a toda costa su vida privada oculta detrás del trabajo, el dinero, el sexo, el alcoholismo, o las drogas.

Conocemos casos extremos de paranoia. Pero también hay un aspecto oculto de la paranoia que a veces ocurre en las relaciones más naturales. La persona paranoica se dice a sí misma: "Tengo la expectativa constante de que me traicionen, y si alguien me critica, doy por sentado que es un enemigo cuya intención es traicionarme. Te catalogo como cómplice de todas aquellas personas que están ansiosas por destruirme".

Tales respuestas son el resultado de un gran sentimiento de incompetencia, un sentimiento de inseguridad interior, un gran miedo a quedar en evidencia y ser considerado digno de vergüenza.

La paranoia es una forma de negación. Los individuos desarrollan mundos falsos en los cuales ellos son sus propios héroes y todos los demás son enemigos. Levantan barreras con mucho cuidado a fin de mantener a los demás lo bastante lejos para que no descubran a la persona que se esconde tras la máscara.

Las personas controladoras a menudo están plagadas de sentimientos interiores de vergüenza e incompetencia. Están convencidas de que si logran controlar su ambiente y a todos aquellos que lo componen, nunca más tendrán que sentir culpa ni vergüenza. Sin embargo, a pocas personas les gusta ser controladas, de modo que esto hace sentir frustrado al controlador. Entre tanto, su propia conciencia no descansa y se vuelven víctimas de su propia incompetencia aun cuando critican sin cesar a los demás por sus faltas.

Dios al rescate

Ya basta de análisis. Invitemos a Dios a la escena para que pueda darnos la esperanza que todos buscamos. He aquí tres declaraciones de aliento que debes tener en cuenta.

La belleza reemplaza la vergüenza

Volvamos a la historia de Tamar.

Ella puso ceniza sobre su cabeza como señal de su duelo perpetuo. Pero Dios hace una promesa de restauración a la nación de Israel que creo podemos aplicar a nuestra vida.

Dios promete diadema en lugar de cenizas. "Para conceder que a los que lloran en Sion se les dé diadema en vez de ceniza, aceite de alegría en vez de luto, manto de alabanza en vez de espíritu abatido; para que sean llamados robles de justicia, plantío del Señor, para que Él sea glorificado" (Isaías 61:3, LBLA).

El texto hebreo enseña que las cenizas de humillación pueden ser reemplazadas por una hermosa diadema. La vergüenza del luto puede ser quitada. El estigma heredado ya no tiene que definir a la víctima.

Dios está dispuesto a quitar tu vergüenza y a reemplazarla por la belleza de su amor y su perdón. Isaías continúa diciendo: "seréis llamados sacerdotes del Señor; ministros de nuestro Dios se os llamará… En vez de vuestra vergüenza tendréis doble porción, y en vez de humillación ellos gritarán de júbilo por su herencia" (vv. 6-7).

Y al final leemos en el versículo 10: "En gran manera me gozaré en el Señor, mi alma se regocijará en mi Dios; porque Él me ha vestido de ropas de salvación".

Conclusión: Dios desea darnos dignidad y aceptación a cambio de nuestra vergüenza. Él, no nuestros padres, ni nosotros mismos, define lo que somos.

La gracia reemplaza la culpa

Dios conoce tu necesidad. Él conoce la vergüenza objetiva que llevas por cuenta de tus pecados. También conoce la culpa subjetiva e inmerecida que cargas por cuenta de tu trasfondo.

Sin importar cuál sea la fuente de tu vergüenza y culpa, Dios es más grande que todo eso. En su gracia y misericordia, Él puede suplir tu necesidad para que puedas tener "una buena conciencia y una fe sincera".

En el Nuevo Testamento entendemos aún mejor el remedio de Dios para la vergüenza: la cruz de Cristo.

> Por tanto, nosotros también, teniendo en derredor nuestro tan grande nube de testigos, despojémonos de todo peso y del pecado que nos asedia, y corramos con paciencia la carrera que tenemos por delante, puestos

> los ojos en Jesús, el autor y consumador de la fe, el cual por el gozo puesto delante de Él sufrió la cruz, menospreciando el oprobio [la *vergüenza*], y se sentó a la diestra del trono de Dios (Hebreos 12:1-2).

Este es el mensaje central del autor: Cuando Jesús murió en la cruz, Él menospreció la vergüenza que suponía una muerte tan humillante. Estar colgado en una cruz era una experiencia vergonzosa. Él sabía, de hecho, que Él estaba recibiendo la maldición de llevar nuestros pecados porque "maldito todo el que es colgado en un madero" (Gálatas 3:13; ver también Deuteronomio 21:23).

La cruz de Cristo nos conduce a la esperanza.

La aceptación reemplaza la vergüenza

Cuando Jesús llevó nuestra culpa en la cruz, también llevó nuestra vergüenza. La liberación que trajo puede llegar a lo más profundo de nuestro corazón para que seamos libres. Él puede llevar nuestra pesada carga emocional sobre sus hombros.

Una mujer me contó cómo vivía con una pesada carga de vergüenza, especialmente en la iglesia, que le hacía imposible verse como una persona digna y mucho menos como hija de Dios. Pero a medida que Dios la liberaba de la vergüenza, ella empezó a darse cuenta de que podía caminar con su frente en alto (y yo la animé a hacerlo), como alguien sobre cuya vida la vergüenza no tiene la última palabra.

El escritor Rodney Clapp escribió estas palabras acerca de Hebreos 12:1-2 y de la forma como Jesús quitó nuestra vergüenza:

> ¿Nos ata la vergüenza? Jesús fue atado.
>
> ¿Destruye la vergüenza nuestra reputación? Bueno, Él fue despreciado y rechazado por los hombres.
>
> ¿Nos silencia la vergüenza? Él fue llevado como cordero al matadero y como oveja frente a sus trasquiladores guardó silencio, de modo que no abrió su boca.

> ¿Exhibe la vergüenza nuestra aparente debilidad? La multitud se burló diciendo: "Él salvó a otros, pero no puede salvarse a sí mismo".
>
> ¿Trae la vergüenza abandono? Bueno, piensa en las palabras de Jesucristo en la cruz. Él dijo: "Dios mío, Dios mío, ¿por qué me has abandonado?".
>
> ¿Nos disminuye la vergüenza? Él fue crucificado desnudo, a la vista de todos. Él llevó nuestros pecados. Él llevó nuestras iniquidades. Él cargó el peso de nuestra culpa, y el peso de nuestra vergüenza".[2]

Conclusión: la vergüenza perdió su poder a los pies de la cruz. En sentido figurado, podemos inclinarnos para dejarla allí. En la cruz somos aceptados y se nos permite gozar comunión con Dios.

Nada puede reemplazar el contacto personal con Dios por medio de Jesucristo. Toma toda la vergüenza, la culpa y el miedo que hay en tu corazón, y entrégalos a Dios. Necesitas una dignidad restaurada y ser capaz de caminar con la frente en alto como un hijo o una hija de Dios. Esto empieza comprendiendo que tu pecado ha sido quitado y que el pasado realmente es *pasado*.

Por supuesto (y veremos esto más adelante), también tendrás que perdonar a los que te han lastimado, tal como Cristo te ha perdonado. "Antes sed benignos unos con otros, misericordiosos, perdonándoos unos a otros, como Dios también os perdonó a vosotros en Cristo" (Efesios 4:32).

Puedes perdonar a otras personas aún si ya no puedes reconciliarte con ellas. Tal vez tus padres han muerto, o tu maltratador nunca admita su crimen y en lugar de eso te ridiculice. Debe llegar el momento en el que entregas tu ira, tu vergüenza y tu resentimiento a Dios.

Me contaron acerca de una mujer que tomó un tren hacia otro estado en el que se encontraba la tumba de su madre a fin de poder

---

2. Rodney Clapp, "Shame Crucified", *Christianity Today*, 11 de marzo, 1991, p. 28.

derramar allí todo el dolor, el enojo y la vergüenza que sentía. Su madre había sido prostituta, de modo que podrás imaginar los años de dolorosas experiencias desmoralizadoras que ella vivió durante sus años de crecimiento. Sin embargo, estando allí junto a la tumba de su madre, le dijo a Dios: "Te entrego la vergüenza y la desgracia. No puedo cargar más con ellas". Este fue un paso definitivo hacia la dirección correcta.

Ese no fue el final de su historia. Su pasado aún regresaba a su mente y todas las emociones resurgían. Pero ahora sabía qué hacer: seguir entregando sus sentimientos a Dios y no permitirles que definieran quién era ella. Con el tiempo, el pasado perdió su poder.

Permite que Dios redima tu historia

La vergüenza no solo pierde su poder a los pies de la cruz, sino que allí, delante de Dios, te das cuenta de que tu valor personal no se basa en tus sentimientos. Lo que Dios te dice en la Biblia es mucho más importante (y más verdadero) que lo que te dictan tus sentimientos. Él te llama por tu nombre y restaura tu dignidad.

Existe una ilustración, usada con frecuencia, que nos ayuda a entender lo que significa un sentido adecuado de valía personal. Si se encontrara una moneda de plata en una alcantarilla, cubierta de manchas, valdría tanto como una moneda de plata que acaba de salir del banco.

Puede que hayas sido arrastrado a una cloaca moral, o que hayas caído en una por voluntad propia. Con todo, tu valor como persona sigue intacto. Dios quita la mancha e imparte su honra sobre tu vida. En su presencia se restaura la dignidad y el valor de cada persona.

Tengo un amigo que se enredó en una relación adúltera. Al final se divorció de su esposa y sus hijos se alejaron de él. Sus lágrimas no podían restaurar las relaciones rotas, ni él podía recuperar lo que había perdido y tuvo alguna vez. Cada mañana se levantaba con la esperanza de que su desastrosa vida fuera un sueño que había terminado.

Años después, iba con él en su automóvil mientras él repetía su relato de desastres que él mismo había causado. Brotaban lágrimas de sus ojos mientras escuchaba en su reproductor de discos una canción de Dave Boyer, un famoso artista cristiano que antes de convertirse había sido cantante de clubes nocturnos. La canción emblema de Boyer es el viejo himno "El calvario todo lo cubre".

En la canción, Boyer proclama la maravillosa verdad de que en la cruz Jesús llevó todo nuestro pecado, nuestras faltas y nuestras culpas y lo cubrió todo. Hay un himno que comunica esta misma verdad con estas palabras:

> Feliz yo me siento al saber que Jesús
> libróme de yugo opresor;
> quitó mi pecado, clavólo en la cruz;
> ¡Gloria demos al buen Salvador![3]

La buena noticia es que Jesús tenía previsto tu pecado y el mío: nuestra miseria, nuestra disfunción, nuestra culpa. Jesús lo previó todo y en efecto nos dice: "Cuando morí, pisoteé y reprendí la vergüenza en la cruz. Y yo llevaré tu vergüenza si tú crees en mí".

Aunque es posible que superar la vergüenza sea un proceso gradual, realmente vale la pena. Sin embargo, solo puede llevarse a cabo en la presencia de Dios, junto con el ánimo y el apoyo de otros creyentes. No puedo exagerar esto lo suficiente: la sanidad emocional es mucho más exitosa en un contexto de aceptación y amor. El cuerpo de Cristo, cuando funciona adecuadamente, está diseñado para traer sanidad. El aislamiento engendra desesperanza, depresión y la obsesión constante con la vergüenza, la culpa y la ira. El amor es el mejor remedio.

Algunas cicatrices emocionales solo sanarán cuando lleguemos al cielo. Puede que nunca superemos por completo nuestro pasado, pero Dios no está limitado a obrar en personas que provienen de buenos hogares y tienen una autoestima saludable. Muchas

3. Himno "It is Well with My Soul", de Horatio G. Spafford. "Alcancé salvación", traducción de Pedro Grado Valdés.

personas que nacieron en hogares llenos de vergüenza, adicciones, maltrato y confusión moral han superado su pasado y han logrado ser exitosos. Con una conciencia limpia, han creído que pueden ser todo lo que Dios quiso para ellos.

Dios conoce la vergüenza que has acarreado contra ti mismo, y la que otros han impuesto sobre tu vida. Sea cual sea tu caso, puedes reclamar esta promesa: "Pues el propósito de este mandamiento es el amor nacido de un corazón limpio, y de *buena conciencia*, y de fe no fingida" (1 Timoteo 1:5).

Ese es el objetivo de este libro.

Medita en la Palabra

No temas, pues no serás confundida; y no te avergüences, porque no serás afrentada, sino que te olvidarás de la vergüenza de tu juventud, y de la afrenta de tu viudez no tendrás más memoria. Porque tu marido es tu Hacedor; Jehová de los ejércitos es su nombre; y tu Redentor, el Santo de Israel; Dios de toda la tierra será llamado (Isaías 54:4-5).

Reflexiona

¿Qué ha sucedido en tu vida que te causó vergüenza o culpa? Entrega estos motivos a Dios, uno a uno, y da gracias a Jesús que Él llevó tu vergüenza.

¿Tu lucha personal con la culpa y la vergüenza ha afectado a quienes son más cercanos a ti? Dedica tiempo a responder esta pregunta en presencia de Dios y reflexiona acerca de cómo una conciencia limpia te permite gozar de relaciones sanas con los demás.

3

La voz de Dios o la voz del diablo

Una conciencia que condena es
el campo de juego del diablo.
Erwin Lutzer

Algunas personas escuchan voces que según ellas les ordenan matar a un vecino que los ha ofendido, o desmembrar a un niño, o incluso suicidarse. Son atormentadas por voces que les mandan cometer actos despreciables, pero piensan que deben hacerlo o de lo contrario estarían desobedeciendo a Dios. Todos hemos oído historias acerca de criminales que afirman estar obedeciendo a un impulso interior de la conciencia.

Por otro lado, están los cristianos (sinceros en muchos casos) que confiesan sin cesar el mismo pecado porque piensan que las acusaciones que sienten provienen de Dios, sin darse cuenta de que una constante condenación, de hecho, proviene de Satanás, al que la Biblia llama "el acusador de [los] hermanos" (Apocalipsis 12:10). El resultado es que se sienten culpables constantemente y que están condenados y sin remedio. Para estas personas tener una conciencia limpia parece un logro imposible.

A fin de esclarecer estos asuntos, empecemos con una historia del Antiguo Testamento. Ponte en los zapatos de un hombre llamado Josué, un sumo sacerdote que estaba en la presencia de Dios con su culpa.

El profeta Zacarías tuvo una visión que describe tanto nuestro dilema como la respuesta de Dios para nuestra culpa. En la visión, Josué se presentó delante de Dios con vergüenza, ¡pero luego salió como un hombre que ha sido declarado justo como Dios mismo! Su historia puede ser la nuestra. Satanás era el acusador y Dios fue quien envió al hombre absuelto.

Manchas en nuestras vestiduras

Lee con cuidado: "Entonces me mostró al sumo sacerdote Josué, que estaba delante del ángel del Señor; y Satanás estaba a su derecha para acusarlo" (Zacarías 3:1, LBLA). Visualiza la escena: Josué el sacerdote (otro Josué diferente al guerrero cuyo nombre quedó grabado como un libro del Antiguo Testamento) es una representación de todos nosotros.

La escena es impresionante por la manera como él iba vestido: "Y Josué estaba vestido de ropas sucias" (v. 3). Esto era un reflejo de su corazón, una imagen de su culpa y de la culpa de la nación de Israel delante de Dios. A veces el pecado se describe como una enfermedad, otras veces se le denomina simplemente impureza. Aquí vemos a Josué sucio, lleno de culpa y totalmente incapaz de hacer algo al respecto.

Josué era mucho mejor que cualquier criminal común. Aun si lo pusiéramos junto a los miembros de una iglesia, lo veríamos más justo que ellos. Pero esa no es la medida de comparación: Josué está en la presencia de Alguien más justo que él; está en la presencia del "ángel del Señor". Si Dios no fuera santo, nuestra culpa sería manejable; pero la medida divina es la Divinidad misma.

¿Qué piensas que Josué quería hacer en ese momento? Estoy seguro de que deseaba salir corriendo de la presencia del Señor. Pero él permaneció allí como representante de la nación de Israel. Él fue declarado culpable, como portador de la vergüenza de la nación. ¡Y él sabía que en la presencia del ángel del Señor él era tan culpable como se sentía!

Esto me recuerda a una joven a quien aconsejé y que acababa de tener una aventura sexual. Ella no solo sabía que había perdido su virginidad sino que dijo que, al terminar el acto, sintió como si una voz le hubiera dicho: "¡Ajá! Ahora estás sucia". Las palabras que usó para describirse a sí misma eran las mismas que describen las vestiduras "sucias" de Josué. Sí, sucias. Excremento, para ser exactos.

El Señor permanece a nuestro lado

Había esperanza para Josué, de la misma manera que hay esperanza para aquellos cuya conciencia los ha arrastrado a la desesperación. ¿Qué decía Dios? ¿Qué exigía el diablo?

Prosigamos con la historia y echemos una mirada más detallada a este "ángel del Señor". Tenemos una pista acerca de quién es cuando le oímos decir: "El Señor te reprenda, Satanás. Repréndate el Señor que ha escogido a Jerusalén" (v. 2). El ángel del Señor es llamado "Señor" y tiene el poder para perdonar pecados.

La mayoría de los eruditos coinciden en que "*el* ángel del Señor" (a diferencia de *un* ángel del Señor) se refiere a Cristo antes de que viniera a la tierra en forma humana. En efecto, ¡Josué estaba delante de la presencia de Jesús!

En presencia de la santidad estamos condenados, en presencia de Aquel cuya pureza debemos igualar. Estamos expuestos, espiritualmente desnudos.

Pero ahora tenemos buenas noticias.

"Y éste habló, y dijo a los que estaban delante de él: Quitadle las ropas sucias. Y a él le dijo: Mira, he quitado de ti tu iniquidad y te vestiré de ropas de gala" (v. 4). Es evidente que los ángeles esperaban el momento de cumplir la orden del ángel del Señor. Entonces fueron desechadas las vestiduras sucias de Josué.

Por supuesto que no lo dejaron desnudo. Pusieron sobre sus hombros vestiduras limpias, "ropas de gala" y "limpias". Ahora podía permanecer delante del ángel del Señor sin sentirse avergonzado.

Medita en algo que he dicho antes: el punto no es el tamaño de nuestro pecado sino la belleza de las vestiduras que nos cubren. Podríamos preguntarnos: "¿Qué tan sucias estaban las vestiduras de Josué? ¿De qué pecados era culpable?". Son preguntas interesantes, pero irrelevantes, porque su suciedad había sido quitada, ¡sus nuevas vestiduras eran tan limpias como las que llevaba puestas el ángel del Señor!

Pero hay mucho más…

Satanás, el acusador

Debemos entender el papel que juega Satanás en esta historia.

Para resumir, Satanás le da un giro a la historia: trata de convertir una escena de reconciliación en una de división. En lugar de ayudar a Josué a reconciliarse con Dios, trata de separarlo de Él. Josué está delante del ángel, pero "Satanás estaba a su derecha para acusarlo" (v. 1).

Piensa en esto: ¿quién hace estas acusaciones? Para empezar, el que es la encarnación del pecado. Si Josué está sucio, Satanás lo está aún más. Si Josué es impuro, Satanás lo supera con creces. Con razón los demonios que tienen la naturaleza de su líder Satanás suelen llamarse espíritus inmundos (ver, p. ej., Mateo 12:43). Son completamente sucios, sin rastro alguno ni asomo de bondad. Tampoco pueden los espíritus malignos tener su pecado cubierto, porque no están incluidos en el plan de Dios de redimir la humanidad.

En segundo lugar, las acusaciones provienen de alguien que es el instigador del pecado. Él tentó a Adán y a Eva para que pecaran. Hoy él continúa tentándonos. ¡Nos tiende trampas para que pequemos y luego darse vuelta y acusarnos de pecadores! Es como un hombre que es a la vez incendiario y bombero: aparece constantemente en desastres que él mismo ayudó a crear.

Tercero, Satanás está motivado por el odio: odio a Dios y odio al pueblo de Dios. Cegado por la ira, consumido por los celos y con un futuro humillante, él nos recuerda nuestra culpa y vergüenza mientras permanecemos en la presencia de Dios.

Él nos dice: "¡Mira nada más tus vestiduras sucias! Puede que digas que Dios te ha perdonado. ¿En serio? Recuerda nada más lo que hiciste. Tú no te sientes perdonado, ¿o sí? Dios está enojado contigo… Él preferiría que te fueras".

Satanás quiere convencernos de nuestra desesperanza; él quiere que nos alejemos de Dios y cometamos más pecados para adormecer el dolor causado por nuestros pecados pasados. El maligno quiere que nos separemos de la comunión con Dios; Él quiere que perdamos la bendición de una conciencia limpia. Quiere que nuestro pecado parezca más grande que la gracia de Dios.

Damos gracias porque el ángel del Señor tomó nuestra causa en sus manos. Él reprendió las acusaciones del diablo. Sin lugar a dudas, somos pecadores sin remedio, pero Dios hace una gran distinción entre lo que merecemos y la gracia que Él nos concede. Gracias a Jesús, Dios quita nuestro pecado y nos declara tan justos como Él mismo. Estamos vestidos con las vestiduras *de Dios*.

A Josué le pusieron incluso ropas de gala, es decir, las vestiduras de un sacerdote, para que pudiera presidir en la presencia de Dios. De igual manera, nosotros somos sacerdotes delante de Dios y nos acercamos a su presencia con ánimo y confianza (ver Hebreos 4:16).

Las vestiduras limpias que recibió Josué representan el don de la justicia que nos es concedido cuando aceptamos a Cristo como Aquel que llevó nuestro pecado. Dios nos perdona y somos declarados tan justos como Dios mismo. Esto nos califica para ser hijos de Dios.

Cómo distinguir entre la voz de Dios y la voz de Satanás

¿Qué hubiera sucedido si Josué hubiera escuchado las acusaciones de Satanás y desoído el ofrecimiento de Dios para recibir vestiduras nuevas? ¿Qué habría sucedido si los gritos de Satanás hubieran ahogado la voz de Dios? Por fortuna, Dios respondió con un rotundo *sí* al perdón, aun frente al *no* de Satanás.

He aquí cuatro situaciones en las que debemos ser cuidadosos para distinguir la voz de Dios de la voz de Satanás.

Primero, a la persona que oye una voz que a veces parece decir cosas buenas y otras malas, yo digo: Entiende que esa voz proviene de Satanás, aun cuando pueda parecer que tenga mensajes aceptables e incluso “bíblicos”. Satanás puede citar las Escrituras (ver Mateo 4:5-6). Satanás usa buenas palabras para enmascarar el mal.

Satanás, maestro del engaño, está dispuesto a darte lo que quieras oír, siempre y cuando termines recibiendo lo que él quiera para ti.

El primer paso es recibir el perdón y la aceptación que Dios ofrece a todos los que confían en Jesús como su Salvador y Señor. Debemos renunciar a esas voces extrañas, no debemos creer lo que dicen ni dejarnos distraer por ellas. Un libro que sería útil en este sentido es *El Adversario*, de Mark Bubeck (publicado por Editorial Portavoz).

Si un ladrón logra entrar en nuestra casa, eso no significa que sea el dueño de la casa, sino solamente que intentaba llevarse lo que no le pertenece. De la misma manera, si tú eres un creyente y has puesto tu fe en Cristo, Satanás nunca puede ser tu dueño. Él puede acosarte. Puede que juegue con tus emociones e intente sacar partido de la falsa culpa que pesa en tu conciencia. Pero debes entender que Dios nunca te pediría hacer algo que sabes por intuición que es malo. Debes oír la voz de Dios en las Escrituras, no la voz angustiosa de los espíritus demoníacos.

Segundo, si eres un creyente y has confesado tus pecados pero todavía te atormenta tu conciencia, recuerda que cuando perteneces a la familia de Dios, el Espíritu Santo te convence de pecado para pedir perdón, pero cuando ya lo has confesado, su obra termina. Sin embargo, queda pendiente el tema de restaurar las relaciones con otros que quizá requieran atención (esto lo trataremos en un capítulo más adelante). Pero en lo que respecta a tu relación con Dios, puedes creer firmemente que tu conciencia está limpia.

En pocas palabras, Satanás te acusa de pecados por los cuales ya has sido perdonado. Él miente no solo en palabras sino con los sentimientos. Su deseo, inspirado por el odio, es poner división entre tú y Dios. El esfuerzo de Satanás por activar tu conciencia es hacerte pensar que estás por fuera del alcance de la gracia de Dios.

Así pues, debes discernir que es Satanás quien te acusa cada vez que sientes la necesidad de confesar repetidamente tus pecados porque no tienes la seguridad de que Dios te ha escuchado la primera vez. Por supuesto que debes ser sincero en tu arrepentimiento y confesión, pero harás bien en recordar lo que Juan dijo en 1 Juan 1:9: “Si confesamos nuestros pecados, Él es fiel y justo para perdonar nuestros pecados, y limpiarnos de toda maldad”.

“¿Qué haré con mi corazón impuro? —me preguntó una mujer—. No puedo meter una esponja en mi corazón y limpiarlo”. Cuánta razón tenía. Aun el detergente más potente es incapaz de limpiar el nivel más esencial de la conciencia. No hay cura para el remordimiento profundo, ni para la separación de Dios, o el asco hacia uno mismo. Solo Dios puede llegar a las profundidades de nuestra psique y limpiarla.

El pasaje de 1 Juan 1:9 menciona dos regalos. El regalo de ser perdonado y el de ser limpio. Se restaura nuestra comunión con Dios y, de modo subjetivo, nuestra conciencia queda limpia. Hay una limpieza subjetiva que quita nuestro pecado. Este es nuestro privilegio como cristianos. Sí, debes aceptar el perdón de Dios, pero también su limpieza.

Una mujer que había sido inmoral en su juventud todavía sufría de culpa y remordimiento por sus pecados pasados.

—Estoy seguro de que has confesado tus pecados —le dije.

—Oh, sí, he confesado esos pecados mil veces —respondió.

Yo le señalé que no podemos limpiar nuestra conciencia confesando los mismos pecados una y otra vez. De hecho, el acto mismo de la confesión evidencia falta de fe en que Dios es “fiel y justo para perdonar nuestros pecados, y limpiarnos”. Cuando volvemos a sentir las molestas punzadas de culpa, debemos afirmar que nuestros pecados ya han sido perdonados. La culpa cumple su propósito al llevarnos a confesar nuestros pecados a Dios; pero cuando ya hemos aceptado su perdón, la culpa no sirve para nada. Dios dice que eres perdonado y, desde su punto de vista, es un hecho. Sin embargo, Satanás quiere que pensemos que todavía no hemos sufrido lo suficiente.

Charles Spurgeon ilustró, en un conmovedor sermón, cuán lejos está dispuesto a ir Dios para cubrir nuestros pecados:

> El hombre acumula una montaña de pecado, pero Dios la iguala y levanta una montaña más alta de gracia; el

> hombre apila una montaña todavía más grande de pecado, pero el Señor lo sobrepasa con diez medidas más de gracia; y así la competencia continúa hasta que al final el Dios poderoso arranca las montañas de raíz y sepulta el pecado del hombre debajo de esas montañas, como una mosca quedaría sepultada bajo los Alpes. La abundancia de pecado no constituye una barrera para la gracia sobreabundante de Dios[1].

¡La abundancia de pecado no constituye una barrera para la gracia sobreabundante de Dios!

Tercero, es Satanás el que está detrás del pensamiento de que necesitas sufrir por tu pecado. Quizá pienses que si te reprendes a ti mismo con suficiente frecuencia, si vives bajo una nube constante de condenación (que ciertamente todos merecemos), entonces es más probable que seas en verdad perdonado. Pero no es así. No tienes que reprenderte ni infligir dolor a tu cuerpo. El perdón es un don gratuito para quienes lo reciben. Aquí también te encuentras frente al dilema de creerle a Dios o creer a tus emociones, que a menudo te engañan.

Cuarto, puedes estar seguro de que Satanás es el instigador cuando una persona, aunque ha sido perdonada por Dios, es acusada por aquellos a quienes ofendió en el pasado; cuando la acusan de no estar verdaderamente arrepentida. Por supuesto que esto es posible, pero esta es una situación que he observado varias veces.

Lo he visto más claramente en casos en los que un hombre ha cometido adulterio, pero se ha arrepentido y ha pedido perdón a su esposa. Él mismo está desconsolado y no puede creer cómo pudo serle infiel a la mujer con quien se casó y a quien ama. Se arrepiente abiertamente delante de su esposa y de otros. Su esposa está desconsolada, pero con el tiempo ella dice que elige perdonar

---

1. C.H. Spurgeon, "Grace Abounding", sermón predicado el 22 de marzo, 1863, ver en https://answersingenesis.org/education/spurgeon-sermons/501-grace-abounding/.

y seguir comprometida con su matrimonio. Pero ella, movida por un enojo comprensible y el sentimiento de ser traicionada, no le permite a él olvidar lo que le hizo. Ella sigue diciéndole que su confesión no fue sincera y piensa que la sinceridad exige que ellos hablen una y otra vez de su falta.

¿Tiene ella razón, o está equivocada? ¿Exige la sinceridad que se mencione este pecado repetidamente en sus discusiones? ¿Tiene que ser mencionado en el futuro si él desea participar en algún ministerio cristiano? ¿O es la estrategia de Satanás para impedir que progresen en su relación y llevarlos a hablar y actuar como si el pecado acabara de cometerse? En pocas palabras, es como si su pasado nunca quedara atrás.

Por lo general, la actitud y la obra del diablo afecta a todos los involucrados, tanto los que necesitan el perdón como los que lo aceptan. A veces la persona a quien se le pide perdonar tiene una necesidad mayor que la que pide perdón. Aunque la confianza es frágil y toma tiempo reconstruirla, una expresión sincera de arrepentimiento debe ser aceptada.

Hablar es fácil. Decir que has sido perdonado no es lo mismo que sepultar el rencor. Como alguien dijo: "Sepultamos el rencor, pero un sendero conducía a su tumba superflua".

La respuesta para Satanás

Cuando vemos que Miguel, el arcángel, expulsa a Satanás del cielo, esto dicen las Escrituras: "ha sido lanzado fuera el acusador de nuestros hermanos, el que los acusaba delante de nuestro Dios día y noche. Y ellos le han vencido por medio de la sangre del Cordero y de la palabra del testimonio de ellos, y menospreciaron sus vidas hasta la muerte" (Apocalipsis 12:10-11).

Aquí está Satanás acusando al pueblo que Dios ha absuelto. Ellos vencieron los ataques de Satanás declarando el valor y la victoria de "la sangre del Cordero". Debemos pues permanecer firmes en las Escrituras y no escuchar las acusaciones sobre pecados que Dios ya ha perdonado.

Debemos contrarrestar las acusaciones de Satanás diciendo: "¿Quién acusará a los escogidos de Dios? Dios es el que justifica. ¿Quién es el que condenará? Cristo es el que murió; más aún, el que también resucitó, el que además está a la diestra de Dios, el que también intercede por nosotros" (Romanos 8:33-34).

Podemos decir confiadamente: "¡El Señor te reprenda, Satanás!".

El profeta Isaías escribió: "He aquí, amargura grande me sobrevino en la paz, mas a ti agradó librar mi vida del hoyo de corrupción; porque echaste tras tus espaldas todos mis pecados" (Isaías 38:17). Imagina dos caminos: uno está despejado y muy transitado; el otro está en condiciones precarias, con profundos surcos que terminan en una zanja. Cuando una pesada nevada cubre ambos caminos, los dos quedan cubiertos por igual. De la misma manera Dios cubre nuestros pecados, grandes y pequeños: "si vuestros pecados fueren como la grana… vendrán a ser como blanca lana" (Isaías 1:18). Puede ser que tus pecados todavía sigan presentes en tu mente, ¡pero no en la de Dios! Él dice: "Yo deshice como una nube tus rebeliones, y como niebla tus pecados" (Isaías 44:22).

Josué nos recuerda que nuestra culpa debe llevarnos a Dios, no alejarnos de Él. Debemos reprimir nuestro instinto natural de huir y, en lugar de eso, venir a la presencia de Dios sin excusas ni pretensiones. *Lo que hace Dios con la culpa no es alejarnos de Él, sino más bien tratar de rodearnos con sus brazos.*

Dios honra a quien Él perdona

Josué no solo recibió vestiduras nuevas, sino un turbante limpio. Fue restaurado al ministerio sacerdotal y recibió una misión especial. Hace poco escuché el testimonio de un hombre que había sido adicto a la heroína y que cumplió una condena en la cárcel por robo armado. Después de hacerse creyente y de aceptar el perdón de Dios para sus muchos pecados, fue contratado como supervisor en una organización cristiana. Él dijo: "El hecho de que a mí, que soy escoria, me dijeran que podía ser usado por Dios, me llevó a postrarme de rodillas en gratitud a Dios".

La película *Cadena perpetua* es una historia de la vida carcelaria en el noreste de los Estados Unidos a final de los años 40 y principio de los 50. La película se centra en lo que dos hombres experimentan en su corazón a lo largo de las pruebas y tentaciones de la vida carcelaria. Red, el cabecilla y prisionero más experimentado, explica lo que sucede cuando se vive dentro de esos muros demasiado tiempo. Él dice que "al principio odias esos muros y luego te enloquecen. Pero con el tiempo te adaptas a ellos y ya no eres consciente de su existencia. Entonces llegas a darte cuenta de que los necesitas".

Podríamos parafrasear la historia de un pecador casi de la misma forma: Empiezas odiando tus viejas vestiduras de enojo, adicción y engaño, pero luego te acostumbras a ellas. Y luego las prefieres. Y con el tiempo terminas necesitándolas. Ese es el día más trágico: el día en que prefieres la esclavitud a la libertad, las vestiduras sucias en lugar de las limpias que Dios ha preparado para ti.

En su alegoría clásica *El progreso del peregrino*, Juan Bunyan comparó el pecado con una carga en la conciencia que solo Dios puede quitar. No ayudamos a Dios cuando tratamos de deshacernos de nuestro pecado a nuestra manera. Antes bien, lo honramos cuando reconocemos que necesitamos no solo su ayuda sino su intervención.

Al final, el pecado perdonado solo tiene tanto poder como se lo permitamos, o tanto como dejemos que Satanás le confiera. Sí, los recuerdos de nuestro pecado pueden volver a nuestra mente. Puede que experimentemos parte de la culpa y la autocondenación del pasado. Pero debemos responder declarando: "Dios ya ha hablado al respecto y yo creo su Palabra".

El arma principal de Satanás contra nosotros es la culpa; nuestra arma principal contra él es la seguridad de nuestro completo perdón.

Medita en la Palabra

[Dios] os dio vida juntamente con él, perdonándoos todos los pecados, anulando el acta de los decretos que había contra nosotros, que nos era contraria, quitándola de en medio y clavándola en la cruz, y *despojando a los principados y a las potestades, los exhibió públicamente, triunfando sobre ellos en la cruz* (Colosenses 2:13-15).

Reflexiona

¿Recuerdas una ocasión en tu propia vida cuando Satanás ganó una victoria? ¿Qué hubieras podido hacer para resistirlo? ¿Cómo puedes prepararte para sus ataques contra tu mente y tus emociones?

Pide sabiduría a Dios acerca de cómo discernir entre la obra de Satanás y los impulsos del Espíritu Santo.

4

No hay condenación: No hace falta suicidarse

Cuando decimos que no podemos perdonarnos a nosotros mismos, elevamos nuestro juicio por encima del juicio del Señor. Pensamos que sabemos más que Él;puede que Él sea pronto para perdonar,pero nosotros no somos tan sencillos. Aun así, ¿qué derecho tenemos a aferrarnos a algo que Dios ha liberado?[1]

CHARLES SWINDOLL

Joseph Gliniewicz, teniente de policía en la ciudad de Fox Lake, no tenía que suicidarse. En 2015, él montó un elaborado plan fraudulento de suicidio, con el objetivo de fingir que había sido asesinado por tres hombres que se acercaron a él. Después de una investigación exhaustiva, fue imposible encontrar a esos hombres, y nuevos datos probaron que, en realidad, se había suicidado. Existía información acerca de él que le resultaba perjudicial y se sentía incapaz de enfrentar un futuro manchado y un posible ingreso en prisión. Mejor morir en manos propias, pensó él, que enfrentar la vergüenza que le esperaba.

Lady Macbeth nos dejó una descripción muy gráfica de la agonía de la conciencia, el tormento que siente una persona que trata

1. Charles Swindoll, "Getting Past Guilt: Overcoming Barriers to Feeling Forgiven", 15 de junio de 2009, http://insight.org/resources/article-library/individual/getting-past-guilt-overcoming-barriers-to-feeling-forgiven.

de manejar la culpa por sí sola. Ella había sido cómplice del asesinato del rey Duncan.

> ¡Fuera, mancha maldita! ¡Fuera, te digo!... ¿Por qué hemos de temer que se sepa, cuando nadie puede pedirnos cuenta de ello? [Ella dice: "Nuestra posición de privilegio es tal, que nadie va a vengarse de nosotros. ¿Por qué temer?"]... ¿Quién hubiera pensado que el anciano tuviese tanta sangre en el cuerpo?... ¿No he de ver nunca limpias estas manos?... Todavía ese hedor a sangre... ¡Cómo suspira! Su corazón sufre de angustia opresora... Todos los perfumes de Arabia no embalsamarían esta mano mía... Ni todos los océanos del mundo bastarían para lavar la sangre de mis manos. No. Antes teñirán de escarlata mis dedos los mares que quieran tocar.[2]

Vuelve a leer estas palabras y observa cómo ella intenta suprimir la culpa. Se aseguró de tener tanto poder que nadie pudiera enjuiciarla; se lavaba las manos con insistencia, tratando de lavar simbólicamente su corazón. Y esperó contra toda esperanza que el perfume neutralizara el olor de sus manos repugnantes.

Pero entre más le obsesionaba su conciencia acusadora, más grande parecía su crimen. Si pudiera lavarla, el océano se teñiría de sangre y sus manos todavía olerían a sangre.

La historia de Lady Macbeth tiene un final trágico. Incapaz de encontrar alivio para su conciencia atormentada, hizo lo que 35.000 estadounidenses hacen cada año: se suicidó. No pudo deshacerse de su culpa.

En Chicago, la ciudad donde vivo, he sabido de varios adolescentes (*cristianos*) que han cometido suicidio. Uno de ellos dejó una nota que decía: "Ya me he equivocado demasiado".

Es triste, e innecesario.

---

2. William Shakespeare, *Macbeth*, Acto V, Escena 1, 2-3.

El propósito de este capítulo es ayudar a aquellos que se sienten tan abrumados por su culpa que han caído en la desesperación. Es cierto que no toda depresión ni enfermedad mental es causada por la culpa, pero en gran medida pueden explicarse por una conciencia que simplemente no les da descanso.

Muchas veces nuestros sentimientos nos mienten. Nuestras emociones pueden mentirnos acerca de nosotros mismos, de nuestro valor como personas, y mentir sobre nuestra desesperanza frente al futuro. Gracias a Dios que no tenemos que creer esas mentiras. Estas voces que condenan son silenciadas cuando aceptamos las promesas de Dios.

Un capellán le preguntó a un drogadicto:

—¿Por qué consumes drogas?

—Capellán, usted ya debería saber la respuesta a esa pregunta —respondió el drogadicto—. Me siento tan mal por algunas cosas que he hecho, que quiero morir. No tengo la valentía para tomar un arma y dispararme en la cabeza, de modo que lo hago lentamente con drogas. Siento que debo pagar por todo lo que he hecho mal. Creo que la mayoría de nosotros que usamos esta clase de cosas piensa de la misma forma[3].

Puesto que el pasado no puede ser cambiado, es fácil creer que el futuro está fijado. Solo vemos desesperanza, remordimiento y vacío. Vemos nada más noches sin dormir, la condenación de otros y una vergüenza insoportable. Y desesperanza.

Este capítulo está dedicado a esta premisa: sin importar cuánto te pese tu conciencia, sin importar el remordimiento y la desesperación, hay esperanza. Hay esperanza en Dios. Puedes llegar a su presencia como una persona honrada, que es bienvenida, digna y completamente perdonada. Sin importar quién seas, todavía hay un lugar para ti en el mundo de Dios.

Sigue conmigo.

Lee los siguientes versículos del libro de Hebreos:

---

3. William G. Justice, *Guilt and Forgiveness* (Grand Rapids: Baker, 1980), p. 95.

> Porque si la sangre de los toros y de los machos cabríos, y las cenizas de la becerra rociadas a los inmundos, santifican para la purificación de la carne, *¿cuánto más la sangre de Cristo, el cual mediante el Espíritu eterno se ofreció a sí mismo sin mancha a Dios, limpiará vuestras conciencias de obras muertas para que sirváis al Dios vivo?* (Hebreos 9:13-17).

> ...acerquémonos con corazón sincero, en plena certidumbre de fe, *purificados los corazones de mala conciencia*, y lavados los cuerpos con agua pura (10:22).

Hay dos frases similares que llaman nuestra atención. La primera es "limpiará vuestras conciencias" y la segunda es "purificados... de mala conciencia". La paz está a tu disposición sin importar lo que haya sido tu pasado.

El poder de la expiación de la sangre

Si queremos entender por qué el autor de Hebreos concede tanto valor a la sangre de Cristo y su poder para limpiarnos, necesitamos un poco de contexto del Antiguo Testamento.

Dios se disponía a juzgar a Egipto por su rebelión pagana como lo evidenciaba su adoración a varios dioses. En la última de diez plagas, Dios dijo que destruiría al primogénito de todos los hogares egipcios, mientras que los israelitas se salvarían si seguían unas instrucciones específicas.

En el día antes de la ejecución del juicio, Dios mandó a los israelitas tomar un cordero, el más perfecto que pudieran encontrar, y que rociaran su sangre en las puertas de sus casas. "Y tomarán de la sangre, y la pondrán en los dos postes y en el dintel de las casas en que lo han de comer" (Éxodo 12:7). Y esta fue la promesa:

> Pues yo pasaré aquella noche por la tierra de Egipto, y heriré a todo primogénito en la tierra de Egipto... y

> la sangre os será por señal en las casas donde vosotros estéis; y veré la sangre y pasaré de vosotros (vv. 12-13).

Por eso es llamada la *Pascua*. El ángel de la muerte no podía entrar en una casa que tenía sangre en la puerta. La sangre demostraba que un animal había sido sacrificado en lugar del primogénito en ese hogar. A manera de paráfrasis, Dios dijo: "Cuando veo la sangre, pasaré de largo porque veré que un animal murió en lugar del primogénito, y así no caerán bajo el juicio".

Imagina a una familia judía con un hijo primogénito, un adolescente que ha tenido problemas de depresión. Él es una carga para sus padres y se ha negado a cooperar con sus hermanos. En tanto que hubiera sangre en la puerta de ese hogar, el ángel de la muerte no entraría. No tenía relevancia alguna la buena disposición de la familia; lo que importaba era la sangre.

Vamos un poco más allá y supongamos que ese adolescente era muy mal hijo, peor que algunos de los primogénitos egipcios. Yo me sentiría mal por sus padres si ese fuera el caso, pero en lo que respecta al juicio, su hogar estaba protegido. Lo que Dios estaba diciendo era: "Yo no miro la conducta de este hogar, miro la sangre".

En otras palabras, la sangre era un asunto completamente independiente de la forma de vida de la familia; no se alteraba por su piedad o por la falta de ella. Ya sea que fuera un hogar feliz o lleno de conflicto, enfermedad, o depresión, eso no importaba. La sangre era su protección.

La sangre preciosa de Cristo

Aun así, la sangre de los corderos no era más que un símbolo de la sangre de Jesús que en realidad limpiaría nuestros pecados. Un día, Juan el Bautista señaló a Jesús y anunció: "He aquí el Cordero de Dios, que quita el pecado del mundo" (Juan 1:29). Más adelante en el Nuevo Testamento, leemos que la sangre de Jesucristo es preciosa, algo que no se dijo respecto a la sangre de los corderos.

Solo la sangre de Jesús podía, al ser derramada en nuestro lugar, quitar nuestra culpa y justificarnos delante de Dios.

Sigue conmigo en la lectura.

Entonces Hebreos 9:12-14 nos dice que, a diferencia de los sacrificios del Antiguo Testamento, la sangre de Jesús ahora "*limpiará [nuestras] conciencias de obras muertas para que [sirvamos] al Dios vivo*".

¿Qué significa ser limpiado de "obras muertas"? ¿Qué es una obra muerta? Para resumir, son rituales religiosos que se llevan a cabo ocasionalmente y que nunca proveen limpieza ni seguridad de perdón. Se llaman "obras muertas" porque son incapaces de limpiar nuestra conciencia. Las obras muertas carecen de poder, no pueden de ningún modo resolver nuestra culpa y darnos libertad.

Libertad de obras muertas

El error más grande que cometen las personas es tratar de limpiar sus conciencias con obras muertas. Insisten en que juegan un papel en la limpieza mediante algún tipo de autosalvación. Sí, es un hecho que Dios les ayudará, pero ellos creen que tienen que tener una parte en ayudar a "saldar las cuentas". Con razón nunca avanzan más allá de su visión centrada en su pasado.

¿Cuáles son algunas de estas obras muertas?

Los sacrificios del Antiguo Testamento son obras muertas. Los sacrificios fueron ordenados en el Antiguo Testamento, pero con la venida de Cristo ya no son necesarios. Algunas personas a quienes se dirigía el libro de Hebreos se decían: "No conocemos acerca de este Jesús ni la enseñanza sobre su sacrificio en la cruz que trajo redención una vez y para siempre; mejor nos valdría volver a los sacrificios de animales". Pero los sacrificios eran obras muertas que nunca podrían limpiar sus conciencias.

La misa es una obra muerta. En la misa, Jesús es ofrecido una y otra vez y, de alguna manera, su obra nunca es considerada como algo terminado, completo y total. De hecho, el libro de Hebreos habla acerca de aquellos que "[crucifican] de nuevo para sí mismos al Hijo de Dios" (Hebreos 6:6). Aun si la misa pudiera quitar pecados del pasado (que no puede), no hay garantía de perdón para el futuro. Aquellos que participan podrían sentirse mejor durante un tiempo, pero no tienen garantía de perdón permanente.

El bautismo puede ser una obra muerta. He bautizado a muchas personas conforme a su profesión de fe en Cristo. Sin embargo, el bautismo es un paso de obediencia para el creyente, no un medio para salvarse. Es triste que millones de personas confían en que su bautismo (por lo general el bautismo de bebés) los haga cristianos y les dé acceso especial a Dios. Pero desafortunadamente, no hay garantía de que su relación con Dios quede arreglada para siempre.

La confesión puede ser una obra muerta. Martín Lutero confesaba sus pecados diaria y completamente, pero nunca encontró paz para su conciencia. Su confesor, Johann von Staupitz, se cansó de las confesiones de Lutero al punto que dijo, en esencia: "La próxima vez ven con pecados grandes, no con todos esos pecaditos. Que sea asesinato, o algo así".

Pero Lutero era mejor teólogo que muchos de sus contemporáneos. Él sabía que la cuestión no era el tamaño de un pecado sino el hecho de que fuera confesado. Su problema era que aún si podía recordar todos sus pecados y ser absuelto, al día siguiente traería nuevos pecados que era preciso identificar y confesar. La confesión le daba alivio temporal hasta que su mente volvía a ser consciente de pecados nuevos que había cometido. La confesión no silenciaba su conciencia.

Las buenas obras pueden ser obras muertas. Hoy día algunas personas hacen obras caritativas porque eso las hace sentirse mejor; piensan que Dios va a mirarlos y pesar sus buenas obras para compararlas con las malas, con la esperanza de que la balanza se incline a su favor.

Tengo un amigo que cuenta que cada vez que llegaba a casa y cortaba el césped sin que alguien se lo pidiera, su madre le decía: "Bueno, ¿en qué andas metido?". En otras palabras: "¿Qué travesuras estás expiando?". Algunas personas usan las buenas obras para saldar sus cuentas y compensar por sus pecados. Pero las obras no pueden saldar la cuenta.

El castigo físico es una obra muerta. En algunas culturas, la autoexpiación se toma con medidas extremas. En la televisión he visto personas que se flagelan, se azotan, e incluso permiten que otros los crucifiquen temporalmente con la esperanza de que Dios diga: "Tu sacrificio es realmente doloroso y me impresiona lo que estás dispuesto a hacer para expiar tu culpa. Por lo tanto, te recibiré".

No obstante, todas las formas de autosalvación solo traen incertidumbre y el deseo interior de más castigo. Los adolescentes (y también los adultos) se cortan las venas no porque quieran matarse (aunque algunos sí), sino porque se sienten menospreciados por sus padres, sus compañeros, o los demás. Muchos se sienten culpables por el simple hecho de estar vivos. Se dicen a sí mismos: "No puedo recibir la gracia de Dios libremente. Más bien tengo que sufrir, espero sufrir y merezco sufrir porque Dios nunca me aceptaría".

Otros dicen: "Señor, tú realmente deberías recibirme hoy porque tuve un excelente tiempo devocional". O "Señor, deberías recibirme porque no soy tan malo como otras personas. ¿Sabes lo que hizo Fulano, Señor? Yo soy mejor que él y tú sabes que estoy esforzándome por ser bueno. Lo prometo". Nada de eso ayuda.

Debemos desechar todo intento de autoexpiación. Creo que el mayor error que cometen muchas personas cuando se presentan delante de Dios en oración es mirar sus vidas y tratar de encontrar alguna razón por la cual Dios debería aceptarlos. Pero nunca encuentran la fórmula correcta para calmar sus almas ansiosas.

Sin embargo, hay buenas noticias para todos nosotros.

Un solo sacrificio, una vez y para siempre

Tenemos que salir de la rueda interminable de las "buenas obras" si queremos encontrar paz duradera con Dios. Para hacerlo, miramos a Jesús, quien hizo, una vez y para siempre, el sacrificio que provee limpieza para cualquier conciencia malvada.

Para constatar la superioridad de Jesús sobre los sacrificios del Antiguo Testamento, lee estas palabras:

> Y ciertamente todo sacerdote está día tras día ministrando y ofreciendo muchas veces los mismos sacrificios, que nunca pueden quitar los pecados; pero Cristo, habiendo ofrecido *una vez para siempre un solo sacrificio por los pecados*, se ha sentado a la diestra de Dios, de ahí en adelante esperando hasta que sus enemigos sean puestos por estrado de sus pies; porque con *una sola* ofrenda hizo perfectos *para siempre* a las santificados (Hebreos 10:11-14).

No hay nada más que añadir a esto. Gracias a Jesús, la obra está completamente acabada. El autor de Hebreos señala cuatro diferencias entre los sacerdotes del Antiguo Testamento y Jesús, nuestro Sumo Sacerdote.

La era del Antiguo Testamento ha terminado y ha llegado la del Nuevo.

1. En lugar de muchos sacerdotes (que trabajaban en turnos de ocho horas), Jesús es ahora el único Sacerdote.
2. En lugar de muchos sacrificios, Jesús se ofreció a sí mismo, el Único sacrificio.
3. En lugar de estar de pie como lo estaban los sacerdotes (como señal de que su obra nunca terminaba), Jesús se sentó porque su obra está completamente acabada.
4. En lugar de que el adorador traiga una ofrenda, Jesús mismo es la ofrenda que puede "hacernos perfectos para siempre".

Esto es lo que a Martín Lutero le hacía falta entender. Él necesitaba saber que había una obra divina tan suficiente que él podía tener la seguridad de pertenecer a Dios para siempre. Apenas descubrió esto, Lutero no tuvo que preguntarse si había olvidado algún pecado durante la confesión. Al aceptar el sacrificio de

Cristo por medio de la fe en Él, Lutero renació para siempre. Solo el sacrificio de Cristo, el derramamiento de su sangre, pudo hacer lo que nunca se logra mediante las "obras muertas".

Acceso completo a Dios

Y todavía hay más.

Sigamos leyendo. En virtud del sacrificio de Jesús, recibimos esta promesa: "tenemos confianza para entrar al Lugar Santísimo por la sangre de Jesús" (10:19, LBLA). El acceso es fundamental, porque es en la presencia de Dios que los pecados son perdonados.

En el templo había dos áreas sagradas. Una se llamaba el Lugar Santo, donde todos los sacerdotes podían entrar. Había en él tres objetos: el altar del incienso, la mesa del pan y el candelabro. Pero solo el sumo sacerdote podía entrar en el santuario llamado el Lugar Santísimo, la morada misma de Dios, para ofrecer la sangre en expiación por los pecados del pueblo.

Así que en el Antiguo Testamento entrar en la presencia de Dios se limitaba a una sola persona un día al año. Sin embargo, Hebreos 10:19 dice que la sangre de Jesús nos ha dado "confianza [libertad, en la RVR-1960] para entrar al Lugar Santísimo". Eso incluye tanto el lugar santo como el santuario, donde moraba Dios.

Te ruego que comprendas esto: cuando nos acercamos a Dios por los méritos de la sangre de Cristo, Él dice en verdad: "Si vienes por tu fe en la sangre de Jesús, eres bienvenido en mi presencia. Tus pecados ya no son una barrera entre nosotros".

Hay más simbolismo lleno de significado que debemos comprender a partir del templo judío en Jerusalén. Una cortina muy gruesa colgaba entre el Lugar Santo y el Lugar Santísimo. Cuando Jesús entregó su espíritu y murió en la cruz, la Biblia nos dice lo que sucedió: "Y he aquí, el velo [la cortina] del templo se rasgó en dos, de arriba abajo" (Mateo 27:51). Fue rasgado desde arriba porque Dios lo hizo. Y fue rasgado para mostrar que ahora tenemos acceso a Dios por medio de Cristo.

Cuando el costado de Jesús fue atravesado con una lanza y su cuerpo rasgado cuando lo bajaron de la cruz, en ese momento la cortina que separaba a las personas comunes del Lugar Santísimo había sido rasgada en dos. Gracias a Jesús y a su sangre que fue derramada en la cruz, podemos acudir a la presencia misma del Dios Todopoderoso.

No tenemos que venir a Dios diciendo: "Bueno, me pregunto si he podido hacer lo suficiente. Me pregunto si vas a aceptar lo que he hecho. ¿Soy lo suficientemente bueno? Mira mi pasado. Mira mis antecedentes".

"Y teniendo un gran sacerdote sobre la casa de Dios, acerquémonos con corazón sincero, en plena certidumbre de fe" (Hebreos 10:21-22). Venimos ante Dios porque Él dice: "Valoro tanto la sangre de Cristo que si vienes por medio de Él, puedes acercarte con confianza. Serás recibido con gozo".

¿Qué significa venir a Dios "purificados los corazones de mala conciencia" (v. 22)? Cuando el sacerdote del Antiguo Testamento llevaba a cabo los rituales prescritos en el templo, él rociaba sangre en todos los objetos en el interior del templo como símbolo de que eran limpiados. De modo que el autor de la epístola dice: "De igual manera, simbólicamente, la sangre de Jesucristo se aplica a nuestras conciencias".

Es obvio que nuestras conciencias no son rociadas literalmente con sangre, sino que la sangre de Cristo es tan eficaz que podemos experimentar libertad y liberación de una mala conciencia. La conclusión es esta: "Mantengamos firme, sin fluctuar, la profesión de nuestra esperanza, porque fiel es el que prometió" (v. 23).

Sigue leyendo.

El camino a una conciencia limpia

Depresión, desesperanza, remordimiento y culpa abrumadora. La sangre de Cristo nos da aceptación delante de Dios independientemente de nuestras obras. Como con los israelitas en Egipto, Dios ve la sangre de su Hijo y nuestros pecados son borrados; permanecemos delante de Él libres de condenación.

Tal vez tu lucha sea con la atracción hacia personas del mismo sexo, o estés involucrado en una relación inmoral. Quizá digas: "Soy diferente, no encajo en ninguna parte". Pero la buena noticia es que tú sí tienes un lugar, al igual que todos los demás, en la cruz de Cristo. Puedes acercarte a Dios libremente y sin impedimentos si vienes a Él confiado en que la sangre de Cristo te lleva hasta allí.

Hubo un famoso evangelista, que era maestro de la Biblia y también erudito, que agonizaba con miedo y angustia. Los amigos de este hombre le dijeron: "Piensa en todo lo que has hecho; fuiste director de una escuela, escribiste libros, fuiste un pastor eficaz". Pero esto no le trajo paz. Y luego alguien le recordó lo que él ya sabía: "El único fundamento sobre el cual recibimos entrada a la presencia de Dios es mediante la sangre de Cristo, y eso basta". Este gran hombre murió en paz. Recuerda que la sangre de Cristo es el único fundamento por el cual nos acercamos a Dios.

Ahora bien, no te confundas en este punto. Podemos gozar la libertad de una conciencia limpia a pesar de las persistentes consecuencias de nuestro pecado. Una joven puede haber sido completamente perdonada por su inmoralidad, pero aun así debe enfrentar su embarazo y el nacimiento de un hijo.

Sí, el rey David mató a Urías, el esposo de Betsabé, la mujer con la cual tuvo un amorío. Él trató de encubrir sus actos pecaminosos, pero no terminó bien. Cuando lo confrontaron, reconoció sus malos hechos y eso restauró su gozo en Dios. Pero las consecuencias de lo que había hecho continuaron en las vidas de sus hijos problemáticos.

Cuando David confesó su pecado, pidió una conciencia limpia y dijo: "Lávame, y seré más blanco que la nieve" (Salmos 51:7). Si derrites nieve en un cubo, después de derretirse notarás que hay partículas de residuo en el fondo, porque la nieve no es completamente pura. Por eso David le pidió a Dios que lo limpiara hasta quedar "más blanco" que la nieve.

Entonces David oró: "Hazme oír gozo y alegría, y se recrearán los huesos que has abatido…Vuélveme el gozo de tu salvación"

(vv. 8, 12). Él no permitió que su pecado lo definiera, sino que aceptó el gozo de Dios a pesar del desastre que había causado.

Podríamos decir a David: "¡Vamos! ¿Le estás pidiendo a Dios que restaure tu gozo? Destruiste tu familia. Perdiste toda autoridad sobre tus hijos, cuatro de los cuales murieron por culpa de tu pecado. No es posible que restaures la pureza de Betsabé. Urías, el hombre al que asesinaste, no puede volver de los muertos. ¿Y aun así quieres recuperar el gozo en Dios?".

Es probable que David respondería: "Causé un desastre horrible, pero el perdón de Dios es tan grande que aun así puedo gozarme en el Dios de mi salvación. Las consecuencias no me impiden decir que Dios me acepta. Mi conciencia ha dejado de condenarme".

No son los sentimientos, sino la fe

¿Te impediría una aerolínea abordar un avión porque te sientes indigno, o si tienes una migraña, o si has pecado contra tu conciencia? Lo único que le interesa a la aerolínea es si tienes un boleto. Se te permite abordar el avión independientemente de lo que esté sucediendo en tu vida. "Solo muéstreme su boleto, por favor".

Ni Lady Macbeth ni el teniente Gliniewicz tenían que suicidarse. Si hubieran sabido lo que Jesús había hecho por los pecadores y hubieran aceptado esa verdad para sus vidas, hubieran limpiado sus conciencias delante de Dios. Por supuesto que hubieran tenido que enfrentar las consecuencias de sus crímenes. Pero cuando Dios ha limpiado la conciencia, una persona puede enfrentar la burla ajena y la vergüenza de quedar expuesto.

Por supuesto que no es fácil. Por ejemplo, si Gliniewicz hubiera sido honesto en su confesión delante de sus colegas y de los medios, aun así habría tenido que ir a la cárcel. Pero hubiera vivido en paz consigo mismo y en comunión con Dios. En cuanto al adolescente que dijo: "He cometido demasiados errores", la respuesta es: "No, no es así". El perdón de Dios no tiene límite para quienes vienen en arrepentimiento y fe.

La conclusión es que debemos tener una confianza tan firme en lo que Jesús ha hecho por nosotros que elegimos rechazar nuestros sentimientos de indignidad, culpa y desesperanza. La depresión y el remordimiento no reflejan la realidad. Los sentimientos dicen: "¡No hay esperanza! Eres tan malo que el mundo estaría mejor si acabaras con tu vida". ¡Eso es mentira! Incluso Judas no hubiera terminado suicidándose si se hubiera arrepentido en la presencia de Aquel a quien había traicionado.

Cuando llegue el momento en el que este mundo esté mejor sin ti, Dios te llamará y te llevará a casa. Él conoce tu nombre y tu dirección. Permite que Él tome esa decisión. Lo que necesitas es confrontar estas mentiras y refrenar tu conciencia. Una conciencia contaminada produce incredulidad, ansiedad, miedo y desesperanza. Una conciencia limpia produce seguridad, paz y esperanza.

Gracias a Dios que ningún pecado es imperdonable. En las docenas de promesas del Nuevo Testamento concernientes a la salvación, la invitación nunca queda limitada porque alguien haya cometido un pecado demasiado grande. Para Dios nunca se trata del tamaño del pecado, sino de la disposición del pecador a creer en las buenas nuevas del evangelio.

Esta es una lección que he aprendido a lo largo de los años. En mi desaliento, en ocasiones en las que he pensado *esto sí es demasiado grave*, siempre tengo que recordar decir: "Dios, estoy tan agradecido porque el fundamento de mi aceptación es la sangre de tu Hijo y acepto esa sangre para mi limpieza y mi perdón".

Quisiera tomar prestadas algunas palabras del gran líder de derechos civiles, el Dr. Martin Luther King, Jr., en un contexto diferente. Si entiendes las verdades que hemos considerado en este capítulo, puedes decir: "¡Al fin libre! ¡Al fin libre! Gracias al Dios Todopoderoso, ¡soy libre al fin!".

Podemos soportar casi cualquier cosa si Dios ha limpiado nuestra conciencia. Una conciencia limpia nos permite dormir bien y vivir mejor.

Medita en la Palabra

Así que, hermanos, teniendo libertad para entrar en el Lugar Santísimo por la sangre de Jesucristo, por el camino nuevo y vivo que él nos abrió a través del velo, esto es, de su carne, y teniendo un gran sacerdote sobre la casa de Dios, acerquémonos con corazón sincero, en plena certidumbre de fe, purificados los corazones de mala conciencia, y lavados los cuerpos con agua pura (Hebreos 10:19-22).

Reflexiona

Esta vez, en lugar de responder preguntas, oremos conforme al pasaje que hemos estudiado juntos:

> Señor Jesús, te doy gracias por morir y resucitar de los muertos para asegurar mi salvación. Recibo los beneficios de la obra que tu sangre llevó a cabo. Te entrego mi pasado, que no puedo cambiar; te entrego los pecados que he cometido y también los que otros han cometido contra mí.
>
> Entro en tu presencia con la firme confianza de que soy recibido y me acoges con gozo. Me levanto contra las acusaciones de mi conciencia y la agitación de mi espíritu interior. Te doy gracias porque tu obra es completa, una vez y para siempre, y absolutamente suficiente para mi necesidad. Gracias por escucharme y recibirme.
>
> Elevo esta oración al Padre, al Hijo y al Espíritu. Tus promesas siempre serán mi gozo y mi esperanza.
>
> En el nombre de Jesús. Amén.

5

La verdad que duele y sana

Solo hay una forma de alcanzar la felicidad
en esta esfera terrestre,
y es tener una conciencia limpia,
o no tenerla en absoluto.

OGDEN NASH, HUMORISTA ESTADOUNIDENSE

Hay una historia acerca de un adicto a la cocaína en Nueva York que decidió encadenarse al radiador de su habitación para no bajar a la calle y conseguir más cocaína. Pero, al parecer, pudo romper un pedazo de metal del radiador al que se había encadenado y lo llevó arrastrando consigo en la calle para poder conseguir otra dosis. Él explicó su extraño comportamiento diciendo: "La coca tiene su voz y, cuando llama, debo ir".

La cocaína no es la única adicción que tiene voz. Lo mismo sucede con el alcoholismo, las apuestas, la pornografía y las diversas adicciones sexuales. Es difícil tener una conciencia libre cuando siempre hay una sombra en nuestros corazones, un recordatorio de que vivimos con pecados pendientes y fracasos repetidos.

No tengo la mínima ilusión de que la sola lectura de este capítulo libere a una persona de una adicción; es casi seguro que la atadura es demasiado poderosa para esperar que eso suceda. Lo que me propongo es señalar el camino a la victoria en esta batalla. El camino es arduo, pero vale la pena.

Características de las adicciones

Muchos libros excelentes se han escrito sobre cómo superar las adicciones, pero ofrezco estas cinco observaciones con la oración de que puedan arrojar luz sobre este ciclo vicioso e indiquen el camino para salir de la oscuridad.

Primero, quiero subrayar la necesidad de la gracia. Los adictos no necesitan más culpa sobre sus hombros, pues ya cargan con el peso de la condenación. Su conciencia contaminada les recuerda que no tienen una escalera por dónde salir de su oscuro agujero. Necesitan leer el capítulo 4 de este libro, que demuestra cómo Dios los acepta en virtud de la sangre de Cristo en lugar de sus fallidos intentos por ser buenos.

Los adictos necesitan saber con certeza que Dios está de su lado en sus luchas. Sí, también necesitarán amigos que les ayuden, pero Dios está disponible para tener comunión con ellos, darles aceptación y recibir su adoración. Dios brilla como un faro en su mundo oscuro. Debemos empezar con la gracia.

Segundo, todos somos susceptibles de ser adictos. Todos amamos algo más de lo que deberíamos. El profeta Ezequiel dijo que los habitantes de Israel "han puesto sus ídolos en su corazón, y han establecido el tropiezo de su maldad delante de su rostro" (Ezequiel 14:3). Algunas adicciones son evidentes y conocidas de los demás, otras son sutiles o secretas. Entonces en lugar de identificar quién es un adicto y quién no lo es, es hora de que consideremos la adicción en términos de un continuo, conscientes de que todos luchamos en alguna medida con el pecado. Todos estamos en un recorrido y ninguno ha llegado al destino. Aun cuando hemos sido guiados a la luz, podemos recaer en las tinieblas.

En los Estados Unidos, casi todas las familias han sido afectadas por la adicción. Entonces no nos engañemos y más bien reconozcamos con humildad que la tendencia por defecto de nuestra naturaleza pecaminosa es a la adicción. Admitir nuestra necesidad es el primer paso hacia la recuperación de nuestra integridad.

Tercero, la gracia no entra en puertas cerradas. Es determinante comprender esto. Aun mientras lees esta declaración, puede que estés sopesando ya razones de por qué eres como eres y por qué no puedes cambiar. Si esta es tu actitud, te aseguro que la gracia de Dios está disponible y te invita. Dios no te da la espalda, sino que está frente a ti con los brazos abiertos.

Durante un tiempo fui lo bastante ingenuo para creer que con decirle a las personas nada más lo que debían hacer, se alejarían de sus adicciones. La fórmula era bastante simple: memoriza versículos de la Biblia, aprende ciertos principios, ora y ríndete a Dios. Ve a casa y aplica estos principios, ¡y serás libre! Pero entre más vivo, más me doy cuenta de cuán profundamente arraigados están los patrones de conducta pecaminosa. Las razones que usa el corazón humano para justificarse van a lo fundamental. Abundan las excusas. La ceguera existe en todos nosotros. Todos debemos renunciar a nuestro deseo de escondernos. Tenemos que acudir a Dios e invitar amigos confiables a nuestra vida, llevando con nosotros nuestro pecado.

Cuarto, las adicciones tienen muchas causas. Si has vivido en un hogar con personas adictas, viviendo con alcoholismo, drogas, o inmoralidad, es posible que hayas crecido con una personalidad con tendencia a las adicciones. Entonces, a pesar de que venzas una adicción, puede que simplemente la sustituyas por otra. O quizá un amigo en la escuela o en el trabajo te haya involucrado en drogas, alcohol, o pornografía. Puede que hayas descubierto que una adicción mejora tu vida hasta que la hace peor, mucho peor.

Sea cual sea la causa, el verdadero problema es nuestro corazón. Alguien ha dicho con razón que *una adicción es una promesa ilusoria que crea un mundo de escape*. El adicto entra en un mundo de sensaciones placenteras: promete como un dios, pero al final paga como el diablo.

Quinto, existen muchos, muchos y variados "fósforos" que pueden encender una adicción. El acceso instantáneo a la pornografía en la Internet nos ha vuelto a todos vulnerables de una forma que era impensable hace veinte años. Y hay por supuesto otras adicciones que se pueden alimentar en línea: juegos ocultos de video, apuestas, relaciones con extraños. Las diferentes formas como se entra al ciclo de pecado repetido son infinitas.

Por eso la vida secreta de un adicto crece. Vive para su euforia, este trance cuando puede estar a solas disfrutando de su pasatiempo favorito. Puede que su vida interior se esté pudriendo, pero todo está oculto detrás de una máscara exterior de normalidad y de felicidad fabricadas. Con el tiempo, cuando la vida interior lo invade, la vida exterior se desmorona.

Todos somos susceptibles de caer en el autoengaño; anhelamos ser engañados. Otra definición de adicción es el "enfrascamiento enceguecedor del pecado". Un adicto no puede ver cómo su pecado afecta a otros; lo ciega para no ver cómo se destruye a sí mismo y su futuro. Cuando los adictos tienen breves momentos de lucidez para ver el horrible camino en el que están, estos pensamientos son rápidamente descartados, ignorados y se les impide entrar en la mente. Y así, en medio de una vida dura, la adicción les provee un lugar de euforia donde nada más importa aparte de la satisfacción de sus deseos. Es como si dijeran "tomaré la mano del diablo y luego afrontaré las consecuencias".

La información es útil, pero necesitamos que alguien nos saque del pozo. Es preciso que Jesús entre en nuestro mundo.

Liberado por el Hijo

Jesús impartió muchas enseñanzas acerca del poder del pecado y el camino a la libertad. En una ocasión, cuando hablaba a una multitud, tuvo lugar este intercambio:

> Dijo entonces Jesús a los judíos que habían creído en él: Si vosotros permaneciereis en mi palabra, seréis verdaderamente mis discípulos; y conoceréis la verdad, y la verdad os hará libres. Le respondieron: Linaje de Abraham somos, y jamás hemos sido esclavos de nadie. ¿Cómo dices tú: Seréis libres? Jesús les respondió: De cierto, de cierto os digo, que todo aquel que hace pecado, esclavo es del pecado. Y el esclavo no queda en la casa para siempre; el hijo sí queda para siempre. Así que, si el Hijo os libertare, seréis verdaderamente libres (Juan 8:31-36).

Examinemos estas palabras.

Jesús se dirigió a dos grupos de personas ese día. Entre ellos, había verdaderos creyentes (sus discípulos, por ejemplo) y estos son a quienes Él exhortó a permanecer en su Palabra y así llegar a ser sus discípulos. Estos discípulos conocerían la verdad que los haría libres.

Pero también había una multitud incrédula de judíos que se ofendían por las palabras de Jesús y se justificaban a sí mismos: "Linaje de Abraham somos, y jamás hemos sido esclavos de nadie". Casi podemos oírles escupir estas palabras de su boca, asegurándose de dejarle eso claro a Jesús. A manera de paráfrasis, ellos estaban tan ofendidos con Jesús que prácticamente preguntaron: "¿Con quién crees que estás hablando? *¿De qué* necesitamos ser libres?".

La esclavitud era común en los tiempos de Jesús. Todo el mundo sabía que un esclavo podía ser comprado, vendido, o intercambiado. Un esclavo podía estar en un lugar hoy y desaparecer mañana. En ese contexto, Jesús dijo: "Todo aquel que hace pecado, esclavo es del pecado. Y el esclavo no queda en la casa para siempre; el hijo sí queda para siempre". Qué poderosa ilustración del pecado. Y Jesús añadió: "Así que, si el Hijo os libertare, seréis verdaderamente libres".

Camino a la libertad

He aquí tres verdades que señalan el camino hacia la liberación del pecado que esclaviza.

Conócete a ti mismo

Tenemos que conocer nuestro propio corazón y reconocer que nos complace ser engañados por nosotros mismos. Los fariseos, que se creían justos, (y podemos percibir el orgullo en sus voces) declararon que nunca habían sido esclavos del pecado. "Nosotros somos justos. Vamos al templo. Oramos. Guardamos la ley. ¿Qué más se puede pedir?". Con su propia justicia se negaban la oportunidad de experimentar la gracia de Dios. Ellos no quisieron arrepentirse de su fariseísmo.

No subestimemos nuestra ceguera a nuestra necesidad espiritual. Moralmente somos más débiles de lo que pensamos. Dicho de otra manera, no debemos sobrestimar nuestra capacidad para frenar el ciclo de fracaso por voluntad propia o aprendizaje de alguna nueva técnica o idea. En un libro titulado *The Last Addiction*, la autora, que había sido alcohólica, escribe: "Este gran e inefable don de la adicción me ha enseñado que *yo no puedo liberarme a mí misma. Necesito que alguien me libere*"[1] (énfasis del autor).

No te apresures con esto. El punto que ella quiere señalar es que la última adicción consiste en creer que podemos salir de nuestro aprieto solos, por pura fuerza de voluntad, memorizando versículos, prometiéndonos que no lo volveremos a hacer, o cambiando nuestro comportamiento. La idea de que el yo que nos metió en problemas es el mismo que puede sacarnos de él, es una ilusión.

Hace poco me sometí a un examen de estrés. El médico me puso en una cinta caminadora y dijo: "Al principio puedes seguir el ritmo de la cinta. Pero, al final, pierdes y la cinta gana". Durante los primeros tres minutos yo pensé *Vaya, esto no es tan difícil, es una caminata vigorosa nada más.* Pero después de tres minutos, él aumentó la inclinación, luego la velocidad, y sí, tengo que reconocer que la cinta ganó. Y siempre ganará.

Debes comprender esto: el significado original de la palabra *adicción* es "rendirse a los dioses". Al final del día, nos rendimos a los dioses. Es un mito que podemos librarnos del poder de estos dioses. El pecado es más profundo y el diablo es más fuerte. El autorrescate de la adicción es una fantasía que queremos creer, pero sigue siendo una fantasía. Es la *última* adicción.

Conoce las estratagemas del Satanás

La conversación de Jesús con los judíos no tardó en ponerse muy tensa. Jesús era muy amable, excepto cuando tenía que tratar con personas hipócritas. Ellos habían aludido a Abraham como su

---

1. Sharon Hersh, *The Last Addiction* (Colorado Springs: Water Brook, 2008), p. 13.

padre, entonces Jesús les dirigió unas palabras fuertes: "Sé que sois descendientes de Abraham; pero procuráis matarme, porque mi palabra no halla cabida en vosotros. Yo hablo lo que he visto cerca del Padre; y vosotros hacéis lo que habéis oído cerca de vuestro padre" (vv. 37-38).

Ellos respondiendo diciendo que Abraham era su padre. Jesús estaba en desacuerdo: "Vosotros sois de vuestro padre el diablo, y los deseos de vuestro padre queréis hacer. Él ha sido homicida desde el principio [al diablo no le interesa en absoluto la vida, sino solo la muerte], y no ha permanecido en la verdad, porque no hay verdad en él. Cuando habla mentira, de suyo habla; porque es mentiroso, y padre de mentira" (v. 44).

¡No emplees esa clase de lenguaje cuando hables a tus amigos acerca de Jesús! Jesús tuvo que derribar a estos fanfarrones para confrontarlos con la realidad. Él usó un lenguaje mucho más suave con quienes eran grandes pecadores y eran conscientes de ello. La reacción de esta clase de religiosos hipócritas fue rechazar la verdad acerca de sí mismos y tomar piedras para matar a Jesús (v. 59). En resumidas cuentas, ellos creían las mentiras del diablo en lugar de creer la verdad de Jesús.

El diablo tiene dos tipos diferentes de mentira. Para los judíos que rechazaban a Jesús, su mentira era: "Ustedes son justos. Ustedes van al templo, no son borrachos, no andan con prostitutas, pagan su diezmo y guardan meticulosamente la ley. Están en regla mientras pertenezcan a este club". Pero eso era mentira. Ellos no estaban en regla con Dios.

Solo había una manera en que estas personas engañadas y mojigatas podían ver su propio pecado y confiar en Jesús para salvarlos, y era que Dios venciera su ceguera voluntaria, y les mostrara la verdadera condición de sus corazones. La verdad sea dicha, Dios debe hacer esto en cada uno de nosotros por nuestra fuerte inclinación a engañarnos a nosotros mismos. Por eso Jesús dijo que las prostitutas y los cobradores de impuestos entran en el reino de los cielos antes que los fariseos hipócritas (ver Mateo 21:31-32).

Hay otra mentira que Satanás nos endosa. Está hecha a la

medida de aquellos que buscan una salida de su adicción: "Nunca vas a cambiar y, además, no vales la pena. Nadie te ama. No tienes ningún valor como persona. Mira tu pasado. Mira lo que las personas piensan de ti. ¿Eres aceptado? *¡No!* ¿Eres un fracaso? *¡Sí!* Tienes todas las razones para odiarte a ti mismo, considerando lo que eres. Tienes todas las razones para cortarte las venas lleno de enojo. Tienes todas las razones para ser anoréxico y demostrar con tu enojo que tú puedes controlar todo en tu vida".

Esa clase de pensamientos viene de Satanás y debemos resistirlo a él y sus palabras. Lo resistimos por medio de la Palabra de Dios (como hizo Jesús en el desierto) y la oración, por medio de la comunión con otros creyentes y con relaciones saludables y rindiendo cuentas a otros. Jesús dijo que el diablo es el mentiroso original y por excelencia. Tenemos que identificar sus mentiras y dejar de creerlas.

Conoce a Dios

Además de conocernos mejor a nosotros mismos y de conocer sobre Satanás, tenemos que conocer algo acerca de Dios. Debemos saber que Él es misericordioso y lleno de gracia. Él nos ofrece el don de su presencia, nos alcanza aún en los rincones más oscuros de nuestra existencia. Él nos invita a abrir las puertas de nuestra vida y dejar que la luz penetre y restaure los vicios que nos han acosado durante años. Así volvemos a sus caminos que Él ha trazado para nosotros.

Hacia la libertad

Estos son algunos indicadores para considerar en tu proceso hacia la libertad.

No podemos liberarnos a nosotros mismos

Ya he subrayado este hecho: no podemos liberarnos a nosotros mismos; necesitamos que alguien nos libere. Recuerda las palabras de Jesús: "y conoceréis la verdad, y la verdad os hará libres" (Juan 8:32). Y leemos algo más importante aún: "Así que, si el Hijo os libertare, seréis verdaderamente libres" (v. 36). Jesús tiene que entrar en nuestro mundo si hemos de ser libres.

Siglos antes, David escribió: "Pacientemente esperé a Jehová, y se inclinó a mí, y oyó mi clamor. Y me hizo sacar del pozo de la desesperación, del lodo cenagoso; puso mis pies sobre peña, y enderezó mis pasos. Puso luego en mi boca cántico nuevo, alabanza a nuestro Dios. Verán esto muchos, y temerán, y confiarán en Jehová" (Salmos 40:1-3).

Cuando David estaba en el foso, Dios no le dijo: "Mira, David, ahí tienes una pala. Cava tú mismo y sal de ahí". ¿Por qué? Porque si tratas de cavar tú mismo para salir de un foso, lo único que vas a lograr es hundirte más. Aun si tienes la determinación de decir: "Yo puedo manejar esto", te puedo asegurar que no puedes y que no lo lograrás.

Gracias a mi experiencia de haber crecido en una granja, aprendí que un caballo puede caer solo en un lodazal (lodo cenagoso), pero no puede salir de ahí por sí solo. Tienen que sacarlo con cuerdas atadas a un tractor.

No necesitas ayuda para volverte adicto. Puedes caer solo en el foso. Puede que digas: "yo no caí, me empujaron". Sea por voluntad propia o ajena, cuando estás en un foso profundo necesitas que alguien te rescate. Dios baja al foso donde estás. Él no te lanza una cuerda. Antes bien, dice: "Vendré al lodo cenagoso donde estás. Te sacaré, pondré tus pies sobre piedra, afirmaré tus pasos y pondré una canción nueva en tu boca".

Jesús vino a este mundo sucio para rescatarnos. Nuestra condición es peor de lo que podríamos pensar. Jesús vino a hacer por nosotros lo que somos incapaces de hacer por nosotros mismos.

Nuestra lucha exalta la gracia

Hace poco conocí en un avión a dos personas que habían sido adictos. Aun antes de que el avión despegara, ya había entablado conversación con el que estaba sentado junto a mí y él me contó su historia. Ahora trabaja para la organización que lo rescató de las drogas y el alcohol. Me contó que hay alrededor de 200 adictos en esa organización y a cada uno lo ponen a trabajar para ganarse la vida. Su amigo, que estaba sentado en la primera fila, se metió en nuestra conversación.

—¿En qué andaban? —les pregunté a los dos.

Tenían casi la misma historia:

—Empecé con marihuana, luego seguí con heroína, alcohol... de todo lo que te imagines he probado.

Es cierto que estos hombres recibieron la ayuda de una organización de rehabilitación para adictos, pero ¿cuál era la clave de su cambio de corazón? La respuesta es la gracia de Dios. Estos hombres comprenden la gracia mucho mejor que los "mojigatos" que no piensan que la necesitan tanto porque, después de todo, han vivido tan rectamente. Estos hombres dijeron que el hecho de que Dios los amara y los aceptara a pesar de sus pecados y crímenes fue lo que los motivó a buscar ayuda y aceptar su necesidad de rendir cuentas. Y aunque llevaban alrededor de dos años de estar libres de drogas, eran conscientes de que podían recaer en las tinieblas si se presentaba una oportunidad tentadora.

Jesús condenó a las personas que pensaban que no necesitaban tanto la gracia y que se contentaban con su propia justicia. Pero a aquellos que conocían su necesidad, los motivaba a buscar el perdón, la limpieza y la restauración mediante su bendita presencia. Fue el odiado cobrador de impuestos el que volvió a casa justificado, mientras que el hombre que se creía justo regresó a sus tinieblas cuya existencia él niega (ver Lucas 18:9-14).

Estos dos hombres que habían sido adictos me contaron que se les enseñó a dar gracias a Dios porque los amaba aun en medio de la lucha. La certeza de que podían acercarse a Dios y que Él los recibiría y les daría la bienvenida, les dio la seguridad para reconocer su necesidad y abrazar las relaciones saludables que los impulsaron a sentirse verdaderamente libres.

En el libro *Redemption: Freed by Jesus from the Idols We Worship and the Wounds We Carry*, Mike Wilkerson escribe acerca de su tentación con la pornografía:

> Recuerdo que muchas veces en esos momentos decisivos, de hacer clic o no hacerlo, sentí lo que me parecía el Espíritu Santo que tocaba mi hombro. Yo sabía portarme mejor. También conocía un camino mejor que ese; la paz de la presencia de Dios era mejor que la descarga de emoción que producía la pornografía. Pero en ese momento yo no lo creía. Lo sacudí de mi hombro y mi cuerpo helaba al tiempo que con manos temblorosas tocaba el ratón.
>
> Dios nunca estuvo más presente a mi lado. De hecho, estaba allí convenciéndome de pecado. Sin embargo... yo cambié la paz de Dios para hacer las paces con mi pecado... Él me había mostrado la salida, su presencia, pero yo lo ignoré... había endurecido mi corazón voluntariamente para no creer... Aun así, a pesar de todo, Él estaba allí, mi salida. Su presencia, finalmente, fue mi rescate".[2]

¡Su presencia fue mi rescate!

Por supuesto que hubo recaídas en el proceso, pero el asunto para este hombre, y para nosotros, es si vamos o no a echar mano de la gracia de Dios y tomar la salida. "No os ha sobrevenido ninguna tentación que no sea humana; pero fiel es Dios, que no os dejará ser tentados más de lo que podéis resistir, sino que dará también juntamente con la tentación la salida, para que podáis soportar" (1 Corintios 10:13).

Solo cuando valoramos la presencia de Dios más que nuestra evasión de la realidad en el mundo de nuestra adicción predilecta, encontramos el poder para decir *no*. Dicho de otra manera, la libertad viene cuando nuestra pasión por Dios es mayor que nuestra pasión por el pecado. Esta es una lección que todos debemos aprender. No es solo para adictos.

---

2. Mike Wilkerson, *Redemption: Freed by Jesus from the Idols We Worship and the Wounds We Carry* (Wheaton: Crossway, 2011), p. 169.

En la iglesia donde sirvo tenemos una clase especial para los hombres que buscan ser libres de la pornografía. La llamamos la clase 5:8, basada en Mateo 5:8: "Bienaventurados los de limpio corazón, porque ellos verán a Dios". El deseo de "ver a Dios" y agradarle es una motivación fuerte para abandonar las tinieblas.

Corre hacia Jesús, no huyas de Él

Es posible que esta sea la lección más importante en nuestra búsqueda de una conciencia limpia. Cuando pecamos y estamos cargados de culpa y remordimiento, existe la tentación de huir de Jesús, de poner tanta distancia como sea posible entre el Señor y nosotros. He escuchado a personas decir: "No puedo manejar en este momento el 'tema de Dios'. Algún día, cuando arregle mi vida, pensaré en Dios. Me limpiaré un poco y lo enfrentaré". Ese es un error muy grande.

Una mujer que estaba involucrada sexualmente con un hombre vino a mí en busca de consejo. Más adelante me dijo que su vínculo con este hombre era tan fuerte, que antes de entrar en mi oficina pensó que si yo le sugería romper esa relación ella moriría.

Durante la sesión de consejería yo le pregunté: "¿A quién amas más, a Dios o a este hombre?". Ella lo pensó por un momento y luego, con toda la fortaleza se armó de valor y dijo: "Dios". Más adelante me comentó que salió de allí diciendo: "No moriré… viviré". Y ese fue el principio de su rompimiento con esta relación pecaminosa cuyos "lazos del alma" eran tan fuertes, tan poderosos, y sí, seductores y satisfactorios.

Aun en medio de la tentación, debemos recordar la sangre de Cristo, el hecho de que le pertenecemos y que en Cristo somos la justicia de Dios. En medio de la tentación debemos permanecer firmes en ello hasta que empecemos a preguntarnos: "¿Por qué yo, siendo hijo o hija de Dios, estoy haciendo lo que le desagrada?".

Tenemos que estar dispuestos a abrir el "equipaje" que llevamos y, en presencia de Jesús, permitirle ayudarnos a dejar nuestro pasado atrás y avanzar hacia un futuro mejor.

Durante la Reforma protestante, hubo un compositor que se

llamaba Martin Arcola. También era profesor en una escuela protestante. Arcola escribió: "Aunque mis pecados sean tan grandes y tan numerosos como los cabellos en mi cabeza, la hierba de la tierra, las hojas del árbol, la arena de la playa, las gotas del mar, o las estrellas del cielo, yo no caería en desesperación. En cambio, correría al gran pecho que todo lo perdona, que es la gracia, y a la sobrecogedora gracia de Dios".[3]

Lo que dijo Arcola es: "¡Corre a Jesús! No camines, ¡corre!".

Al principio del capítulo 8 de Juan, leemos acerca de la mujer que fue sorprendida en adulterio. Unos hombres la arrastraron hasta donde estaba Jesús con la intención de tenderle una trampa al Hombre que afirmaba poder perdonar pecados. A estos líderes religiosos hipócritas no les importaba lo más mínimo la mujer. Solo querían tenderle una trampa a Jesús: "Maestro, esta mujer ha sido sorprendida en el acto mismo de adulterio. Y en la ley nos mandó Moisés apedrear a tales mujeres. Tú, pues, ¿qué dices?" (Juan 8:4-5).

La respuesta de Jesús me hace sonreír. Después de escribir un momento sobre el piso, se puso de pie y dijo: "El que de vosotros esté sin pecado sea el primero en arrojar la piedra contra ella" (v. 7). En otras palabras: "Claro, ustedes guardan la ley y, si no han cometido un pecado similar, tomen una piedra y empiecen a arrojársela a ella".

Luego Jesús se inclinó y escribió de nuevo sobre el suelo para dar tiempo a sus palabras de infundir vergüenza y convicción en los corazones de quienes acusaban a la mujer.

Juan continúa: "Pero ellos, al oír esto, acusados por su conciencia, salían uno a uno, comenzando desde los más viejos hasta los postreros; y quedó solo Jesús, y la mujer que estaba en medio" (v. 9). Todos se fueron, empezando por los más ancianos, quienes obviamente llevaban una carga mayor de su propia culpa.

Y luego leemos: "Enderezándose Jesús, y no viendo a nadie

---

3. Citado en Roland Bainton, *The Reformation of the Sixteenth Century* (Boston: The Beacon Press, 1952), p. 159.

sino a la mujer, le dijo: Mujer, ¿dónde están los que te acusaban? ¿Ninguno te condenó? Ella dijo: Ninguno, Señor. Entonces Jesús le dijo: Ni yo te condeno; vete, y no peques más" (vv. 10-11).

Para esta mujer, ¡ser descubierta en su pecado fue un regalo! Y lo mismo es cierto para cada adicto que sufre solo. Sharon Hersh, escritora de *The Last Addiction*, habla acerca del "gran don inefable de la adicción".[4] La mujer adúltera en Juan 8 era absolutamente incapaz de ayudarse a sí misma o liberarse de su pecado, pero quedar expuesta en presencia de Jesús produjo su sanidad. Fue atrapada solo para quedar libre.

Los escribas y los fariseos (Juan 8:3) que la capturaron, también quedaron capturados. Pero ellos se alejaron de Jesús con sus máscaras de engaño de superioridad moral y arrogancia completamente intactas, diciendo: "Puede que seamos culpables de lo mismo, ¡pero no vamos a reconocerlo ni a dejar que Jesús nos libere!".

Qué impresionante contraste. El pecador culpable oye las palabras de Jesús: "Tus pecados son perdonados, ve y no peques más". El fariseo hipócrita guarda distancia y dice: "No tenemos adicción alguna. ¡Ninguna!". Entonces juzgan a todos aquellos que luchan con su sexualidad, sus adicciones y sus fracasos. Los individuos farisaicos son ciegos a sus propias necesidades; ven con claridad la paja en el ojo ajeno pero son ciegos a la viga en el suyo.

Jesús nos dice: "Si vienes a mi presencia, aun con tu carga de vergüenza, yo entraré en tu mundo y traeré la liberación que necesitas".

Los dos hombres que habían sido adictos y que conocí aquel día en el avión ahora representan el ministerio que les ayudó a salir de su adicción. Ellos son la prueba de que, con una conciencia limpia, es posible pasar de la desesperación a la esperanza y a la expectativa de un futuro mejor. Ellos, al igual que el apóstol Pablo, que en el pasado había asesinado cristianos, pueden decir junto con él: "Para nosotros, el motivo de satisfacción es el testimonio

4. Hersh, *The Last Addiction*, p. 13.

de nuestra conciencia: Nos hemos comportado en el mundo, y especialmente entre ustedes, con la santidad y sinceridad que vienen de Dios. Nuestra conducta no se ha ajustado a la sabiduría humana, sino a la gracia de Dios" (2 Corintios 1:12, NVI).

Una conciencia limpia nos da el incentivo para servir a Dios con libertad y gozo. Ese es el testimonio a lo largo de los siglos de los pecadores que han sido perdonados. Puede ser el testimonio de todo aquel que recibe la gracia de Dios con honestidad y sumisión.

Medita en la Palabra

Venid a mí todos los que estáis trabajados y cargados, y yo os haré descansar. Llevad mi yugo sobre vosotros, y aprended de mí, que soy manso y humilde de corazón; y hallaréis descanso para vuestras almas (Mateo 11:28-29).

Reflexiona

Pregúntate: "¿Estoy dispuesto a exponer mi vida a la gracia de Dios y a rendir cuentas a otros creyentes para romper el ciclo de mi pecado y tener la libertad para ser lo que Dios quiere para mí?". Si tu respuesta es no, entonces ¿qué tendría que hacer Dios en tu vida para llevarte a ese punto de desesperación que necesitas? Si tu respuesta es afirmativa, pasa tiempo en oración en este momento, pídele a Dios ayuda para examinar tu corazón y entregarle tus deseos por completo. Luego, dedica tiempo a decidir cómo vas a empezar a rendir cuentas delante de Dios y de otras personas, a fin de que puedas recibir la ayuda y el ánimo que necesitas para traer un cambio de vida real.

6

El poder sanador de la luz

No hay almohada más suave que una conciencia limpia.

PROVERBIO FRANCÉS

En septiembre de 2012, un agente de la Administración de Seguridad del Transporte llamado Andy Ramírez fue descubierto robando un iPad de un aeropuerto en Florida. Lo que Ramírez no sabía es que el iPad que había llevado a casa tenía un dispositivo de rastreo que permitía a los investigadores ubicarlo. Así que se presentaron en su puerta, a casi 50 kilómetros del aeropuerto, y él estaba, por decir lo menos, bastante sorprendido. Lo que sucedió después es una gran lección acerca de la naturaleza humana.

Cuando le preguntaron si sabía dónde estaba el iPad, negó haberlo visto; de hecho, lo negó repetidas veces. Luego, gracias a la tecnología pudieron activar una alarma y le pidieron que buscara en su casa para encontrarlo. Al cabo de un rato, con su esposa de pie detrás dc él, se lo entregó a los investigadores avergonzado. Cuando le preguntaron cómo lo había traído del aeropuerto hasta su casa, hizo exactamente lo que Adán hizo cuando Dios lo confrontó en Edén. Por increíble que parezca, Ramírez dijo: "Mi esposa dice que ella lo trajo a casa… no sé de dónde lo sacó". ¡Te podrás imaginar la pelea que tuvieron después de que se fueron los investigadores!

Cuando un hombre o una mujer casados sospechan que su

pareja los está engañando, a veces contratan detectives que los persiga. Lo que resulta fascinante es ver hasta dónde están dispuestos a mentir, manipular, usar la culpa ("¡No confías en mí!") y acusar al mundo entero si es preciso, para mantener su fachada de inocencia. Solo cuando ven el video de una cámara escondida reconocen su culpa y, cuando los atrapan, intentan justificarse o minimizar su infidelidad.

Hace unos años yo tenía dos maletines; uno que usaba a diario y otro que usaba cuando viajaba, usualmente en avión. Un día, los auxiliares de vuelo estaban repartiendo emparedados de jamón que estaban empacados en un plástico para alimentos. Yo no tenía hambre en ese momento, pero tomé uno y lo puse en mi maletín, con la idea de comérmelo más tarde.

Durante varias semanas, siempre que entraba en mi oficina (ya sabes a dónde voy con esto), percibía un olor a moho y no podía detectar de dónde salía. Pero cuando tuve que alistarme para mi siguiente viaje, abrí el maletín y encontré el emparedado. ¿Puedes adivinar cómo se ve y cómo huele un emparedado de jamón después de estar a temperatura ambiente durante un mes?

Todos podemos identificarnos con esta situación. Hemos tomado nuestro pecado, lo hemos empacado y escondido, creyendo que nadie se dará cuenta jamás. Pero allí está siempre, hablando en sentido figurado, ese olor; sin importar con qué cuidado lo escondamos, nuestra conciencia nos recuerda que *está allí*. Y la evidencia de ello puede verse en nuestras actitudes críticas y defensivas, nuestras relaciones superficiales y en nuestra disposición para cometer otros pecados o crímenes. Ese iPad en el armario nos roba la paz. O dicho de otra manera, nuestra conciencia nos recuerda que hay un emparedado podrido en nuestro maletín.

Muchas personas hacen su mejor esfuerzo por callar su conciencia, esperando contra toda esperanza de se borre de la memoria la culpa que sienten. No tienen intención de sacar su pecado a la luz del día y por eso renuncian a la sanidad que puede traer la luz.

Este capítulo es una invitación a que abramos nuestro armario, reconozcamos los iPads robados y hagamos la paz con nuestro pasado. Dios nos acompaña en las habitaciones oscuras de nuestra vida, hace brillar su luz y con ella, trae una brisa fresca que nos recuerda lo que es una conciencia limpia.

Diferentes tipos de tinieblas

No todas las personas que se las arreglan para vivir con sus tinieblas son deshonestas. A veces simplemente están ocultando recuerdos de maltrato en la infancia y de sufrimiento personal. Una mujer, a quien llamaremos Raquel, creció en lo que parecía ser un buen hogar cristiano. Su padre era un querido maestro de escuela dominical. Pero en lo secreto abusaba sexualmente de su hija y la obligaba a permanecer sumergida en agua fría, con la amenaza de que si algún día lo delataba ella pagaría las consecuencias. Su aspereza se confundía siempre con su apariencia de ternura en lo concerniente a la iglesia y la Biblia. Le pedía a Raquel que cantara himnos para él y le prodigaba regalos. Eso no era más que un chantaje cuyo propósito era comprar su silencio. Y, para empeorar las cosas, la madre de Raquel parecía no darse cuenta de lo que sucedía. Sin embargo, durante la noche, el padre de Raquel entraba en su habitación y esperaba practicar con ella varias formas de sexo.

Con el tiempo, Raquel salió de su casa y, después de tener varios novios, se casó. Pero no podía tener relaciones sexuales con su esposo y se sentía deprimida y enojada. Había decidido que nadie se enteraría jamás de su pasado. Trataba a su esposo con desprecio. Sus acusaciones airadas e infundadas contra él empeoraron. Su padre había cometido pecado contra ella y ella, a su vez, pecaba contra su esposo.

Finalmente, cuando no pudo soportar más ese dolor, ella le contó a su esposo su pasado para que él pudiera entender la raíz de su conflicto matrimonial. Ellos recibieron consejería y ahora están trabajando para sanar su matrimonio. Ella está aprendiendo, como nos corresponde a todos hacerlo, que debemos estar dispuestos a sacar nuestras tinieblas a la luz porque la oscuridad nunca produce luz por sí sola.

El hombre que ha cometido adulterio tiene que salir a la luz para ser liberado de su engaño. Raquel tuvo que salir a la luz para enfrentar los actos pecaminosos de su padre y el pecado contra su esposo. Aunque sus historias son diferentes, tienen esto en común: solo la luz puede sanarlos.

La premisa de este capítulo es que, aunque la verdad duele, las mentiras duelen más. Por lo tanto, debemos abandonar las tinieblas y venir a la luz, donde hay perdón, reconciliación y sanidad. Solo la verdad en la presencia de Dios nos libera.

Ten presente que hay algunas personas que nunca vendrán a la luz. Están contentas con lo que son, satisfechas con su existencia, tan convencidas de su justicia personal que no ven necesidad alguna de cambio. Confunden las tinieblas con la luz y tratan de andar por la vida como mejor pueden. "El camino de los impíos es como la oscuridad; no saben en qué tropiezan" (Proverbios 4:19).

Siguen tropezando, tratan de levantarse y siguen andando. Hacen las paces con su vacío, con sus intentos fallidos de felicidad, con sus relaciones rotas. La idea de venir a la luz los aterroriza.

Venir a la luz

Jesús lo puso en estos términos: "Y esta es la condenación: que la luz vino al mundo, y los hombres amaron más las tinieblas que la luz, porque sus obras eran malas. Porque todo aquel que hace lo malo, aborrece la luz y no viene a la luz, para que sus obras no sean reprendidas. Mas el que practica la verdad viene a la luz, para que sea manifiesto que sus obras son hechas en Dios" (Juan 3:19-21).

¡Qué diferencia hace la luz!

Un hombre de negocios llamó a su pastor, llorando en el teléfono, para pedirle que fuera a verlo de inmediato. Cuando el pastor llegó a la oficina de ese hombre, estaba tirado sobre su escritorio, llorando con tal violencia que era incapaz de hablar. El pastor pensó que seguramente su esposa había muerto, o tal vez un hijo. Pero luego que el hombre recuperó su compostura, dijo: "Dios acaba de mostrarme mi corazón, y fue como si mirara el foso del infierno".

¿Qué pecado había cometido este hombre? ¿Asesinato? ¿Adulterio? ¿Robo? No, pero había falsificado algunas cuentas de gastos cuando hacía negocios para su compañía. La cantidad total era muy pequeña, quizá unos cientos de dólares a lo largo de varios años. La mayoría de los hombres de negocios pensarían que no es nada, que esas infracciones menores se hacen todo el tiempo. El pecado de este hombre era pequeño en comparación con el de otros. Pequeño, eso sí, *¡hasta que vio a Dios!*

En la presencia del Todopoderoso, todas las justificaciones desaparecen. Ningún pecado es pequeño. Cada infracción es "un gran problema". Solo cuando nos comparamos con nosotros mismos, nuestros pecados nos parecen poca cosa. Pero en la presencia de Dios, nos vemos tal como somos, no como desearíamos ser. Una diferencia entre el arrepentimiento superficial y el genuino es que el primero ocurre cuando hemos sido descubiertos por los hombres, mientras que el segundo sucede cuando somos "descubiertos" por Dios.

Resistencia a la luz

En la granja de nuestra familia teníamos un sótano mohoso al que no nos atrevíamos entrar sin una linterna. En el instante en que brillaba la luz, los insectos se escondían entre las grietas, debajo de los escombros. Esas alimañas solo podían encontrar su dicha en la oscuridad. De igual manera, muchas veces nos parece que la oscuridad es un lugar seguro para refugiarnos, un lugar donde podemos ir sin arriesgarnos a la vergüenza de quedar expuestos.

Como regla general, podemos decir que entre más grande sea nuestro pecado, más resistencia tenemos a la luz. Martin Buber se refirió en sus escritos a "el asombroso juego de las escondidas en la oscuridad del alma, en el que un alma humana se evade a sí misma, se evita a sí misma, se esconde de ella misma".[1]

Sea cual sea el dolor que causa venir a la luz, la sanidad que produce vale la pena. Porque en la luz queda expuesto mi falso yo,

---

1. Martin Buber, *Good and Evil* (Nueva York: Scribner's, 1953), p. 111.

porque allí reconozco quién soy y experimento la gracia indescriptible de Dios. Puedo entonces clamar a Dios misericordia por mi pecado, o alejarme de la luz decidido a permanecer en la seguridad de las tinieblas.

La luz revela nuestro verdadero yo

A medida que te alejas del poste de luz, notarás que tu sombra se vuelve más grande, tan grande que al fin se disipa a lo lejos. Pero a medida que nos acercamos a la luz, nuestra sombra se encoge más y más hasta que desaparece. Toma nota: si queremos tomar una medida de nosotros mismos, debemos salir a la luz de la presencia de Dios por medio de su Palabra. Allí no nos mediremos por nuestros logros ni por las opiniones de quienes nos rodean; ni siquiera por nuestra propia opinión. Ahí estamos en la presencia de Aquel que nos conoce y nos ama. "Porque en otro tiempo erais tinieblas, mas ahora sois luz en el Señor; andad como hijos de luz" (Efesios 5:8).

Recordemos que quienes han recibido una revelación de Dios siempre han quedado humillados y abrumados por la gravedad de su condición pecaminosa. ¿Recuerdas cuando Job estaba enojado con el Todopoderoso y lo inculpó de la aparente injusticia de las calamidades que padecía? Sin embargo, cuando Job vio a Dios, dijo: "He aquí que yo soy vil; qué te responderé? Mi mano pongo sobre mi boca. Una vez hablé, mas no responderé; aun dos veces, mas no volveré a hablar… De oídas te había oído; mas ahora mis ojos te ven. Por tanto me aborrezco, y me arrepiento en polvo y ceniza" (Job 40:4-5; 42:5-6).

Isaías tuvo una visión de Dios y declaró: "¡Ay de mí! que soy muerto; porque siendo hombre inmundo de labios, y habitando en medio de pueblo que tiene labios inmundos, han visto mis ojos al Rey, Jehová de los ejércitos" (Isaías 6:5). Pedro, reconociendo que Jesús era el Cristo, dijo: "Apártate de mí, Señor, porque soy hombre pecador" (Lucas 5:8). Nadie puede acercarse a la luz sin ver su propia oscuridad en el corazón.

Si insisto en negar mi lado oscuro, la parte de mí que parece despreciable, entonces no puedo caminar en la luz. Porque la luz no puede brillar donde hay deshonestidad. "Si decimos que tenemos comunión con él, y andamos en tinieblas, mentimos, y no practicamos la verdad" (1 Juan 1:6). En cambio, si yo confieso la oscuridad que sé que hay en mí, Dios en su gracia perdonará la oscuridad de la que no soy consciente. Esto, creo yo, es lo que Juan quiso decir cuando escribió: "pero si andamos en luz, como él está en luz, tenemos comunión unos con otros, y la sangre de Jesucristo su Hijo nos limpia de todo pecado" (1 Juan 1:7).

James Masterson escribió: "La naturaleza del falso yo es impedirnos conocer la verdad de nuestro verdadero yo, llegar al fondo de nuestra desdicha y vernos como somos realmente: vulnerables, temerosos, aterrorizados, e incapaces de dejar que nuestro verdadero yo se manifieste".[2] Recuerda que un cirujano corta, pero solo para sanar. El dolor trae ganancia, las heridas se vuelven cicatrices y lo falso pierde terreno para dar lugar a la verdad. La luz no solo *revela*, sino que también *sana*.

La luz lleva a una confesión sincera

Recordemos quién es Dios. "Este es el mensaje que hemos oído de él, y os anunciamos: Dios es luz, y no hay ningunas tinieblas en él" (1 Juan 1:5). Dios es pura luz, pura realidad, puro resplandor, y pura santidad. Su luz es tal que no tolera el pecado. Él odia la impureza y el pecado porque en Él no hay tinieblas, en absoluto.

Tal vez en este momento te preguntes: "¿De qué me sirve tener una conciencia limpia? Su santidad me lleva a querer correr y esconderme".

Sigue conmigo, y lee.

Sí, Dios es luz, una luz pura que nunca fue creada. ¿Cómo podemos entonces tender un puente entre Dios y nosotros, entre la luz pura y la absoluta oscuridad? Sabemos que Dios no va a comprometer su santidad; Él es luz y siempre será luz.

---

2. James Masterson, citado por Brennan Manning en *Abba's Child* (Colorado Springs: NavPress, 1994), p. 27.

Gracias a Jesús, Juan pudo escribir esto a los cristianos: "Si confesamos nuestros pecados, él es fiel y justo para perdonar nuestros pecados, y limpiarnos de toda maldad" (1 Juan 1:9).

Juan empezó diciendo "si confesamos nuestros pecados". Esta palabra "confesar" significa ponerse de acuerdo con Dios. En el sentido original del texto griego significa "decir lo mismo" que Dios. Cuando confesamos nuestros pecados, tenemos que confesar cada uno por separado. Debemos confesar todo pecado que Dios traiga a nuestra conciencia. Dios exige que reconozcamos los pecados que Él nos revela. La confesión es una disciplina espiritual que restaura nuestra comunión con Dios.

Hay una historia de una cultura primitiva acerca de una mujer que se despojó de sus vestiduras sucias, las envolvió en un paquete y las llevó al río para lavarlas. Allí estaban otras mujeres lavando su ropa, pero esta mujer estaba tan avergonzada de que la suya estuviera tan sucia que lo único que hizo fue sumergir varias veces el paquete en el río y luego llevarlo de vuelta a casa.

Así es como muchos cristianos confiesan sus pecados. "Está bien, Dios, me he equivocado". Cualquiera que confiese sus pecados de esa manera en realidad no confiesa sus pecados, porque hay una segunda fase en la confesión. No se trata solamente de estar de acuerdo con Dios en que nuestro pecado está mal. También debemos estar de acuerdo con Él en que tiene el derecho divino de sacar eso de nuestra vida para siempre, y lo invitamos a quitar ese pecado que confesamos.

La confesión es como el arrepentimiento. Es rendirnos a Dios diciendo: "Dios, sea lo que sea que digas, estoy de acuerdo contigo y confieso cada uno de mis pecados, uno a uno, conforme tú me los revelas. Y también estoy de acuerdo con que estos pecados tienen que salir de mi vida".

De modo que la confesión no es conformarse con decir "Dios, perdona mis pecados", sino más bien "Dios, estoy engañando a mi cónyuge. Perdóname". Y en seguida decir "Dios, ayúdame a entender cómo corregir esto, porque no puedo seguir con esta conciencia que me condena. Estoy de acuerdo contigo en todo lo que tú dices".

Tal vez tengas que decir "estoy mintiendo a mi esposo; tienes que ayudarme a salir de esta red de mentiras y quitar todo engaño". Esta es una oración de sumisión. "Estoy de acuerdo contigo, Señor".

O quizá debas decir "Señor, estoy de acuerdo con que estoy metido en una relación sexual impura. He tratado de justificarla de cien formas diferentes, pero yo quiero adorarte. Estoy de acuerdo contigo en que lo que hago es pecado, pero también en que tú tienes el derecho de poner fin a esta relación para siempre. Por tu gracia tomaré mi decisión de ser sincero respecto a mi conducta".

En la luz aceptamos el perdón

Después de la confesión viene la promesa de 1 Juan 1:9 según la cual "Él es fiel y justo para perdonar nuestros pecados, y limpiarnos de toda maldad". Podemos apropiarnos del perdón porque Dios es digno de confianza. Lo que Él dice es verdad. Él es la Palabra; debemos creerla y recibirla.

Una mujer me dijo:

—Pastor Lutzer, tuve un aborto y la niña que iba a nacer tendría unos tres años si yo no la hubiera abortado. Cuando entro en un centro comercial y veo a una niña de esa edad, siento una culpa abrumadora.

—¿Confesaste tu pecado? —le pregunté

—Lo he confesado mil veces —respondió ella.

Movida por su profundo sufrimiento y remordimiento, lo que esta querida madre en realidad está diciendo es: "Dios *no* es fiel ni justo para perdonar nuestros pecados". Ella está atrapada en un ciclo de confesión y culpa, confesión y culpa, que se repite una y otra vez. Por eso la última frase de 1 Juan 1:9 es tan importante. Cuando confesamos nuestros pecados, Dios es fiel y justo para perdonarlos, "y limpiarnos de toda maldad".

La mujer no solo necesitaba aceptar el perdón de Dios, sino

también su *limpieza*, la obra subjetiva que tiene lugar en el corazón humano.

Ella no necesitaba revivir el pasado cada vez que veía a una niña de tres años. Con esto, actuaba como si Dios no fuera fiel y justo para perdonarla. Ella necesitaba afirmar la promesa de perdón divino: "Señor, gracias por tu perdón, gracias porque mi pecado ya no tiene poder sobre mí. Voy a alabarte porque este pecado ya no se interpone entre tú y yo, y yo recibo ese perdón".

Ella puede repetir las palabras de David que, como todos sabemos, cometió adulterio con Betsabé: "Bienaventurado aquel cuya transgresión ha sido perdonada, y cubierto su pecado. Bienaventurado el hombre a quien Jehová no culpa de iniquidad, y en cuyo espíritu no hay engaño" (Salmos 32:1-2).

Cuando confesamos nuestros pecados, Dios los arroja al fondo del mar (ver Miqueas 7:19). Y luego pone una señal que dice: "¡Prohibido pescar!". Dios dijo a Israel que conforme al nuevo pacto con ellos, Él podía decir: "perdonaré la maldad de ellos, y no me acordaré más de su pecado" (Jeremías 31:34).

Ahora bien, ¿qué pasa con los pecados que hemos olvidado, o qué sucede si hemos hecho algo que ni siquiera consideramos como pecado aunque Dios lo ve como tal? Estas son las buenas noticias: si andamos en la luz de Dios y guardamos la comunión con Él, Dios nos perdona aun aquellos pecados que hemos olvidado o de los cuales no somos conscientes. Dios nos limpia de estos pecados para que nuestra comunión con Él no solo sea posible, sino una fuente de gozo.

La luz nos permite disfrutar de la presencia de Dios

¡Por favor no leas esto de forma apresurada!

Lo que estoy a punto de decirte es tan asombroso que te resultará difícil de creer. Recordemos estas palabras: "pero si andamos en luz, como él está en luz, tenemos comunión unos con otros, y la sangre de Jesucristo su Hijo nos limpia de todo pecado" (1 Juan 1:7).

Puede que tu primera respuesta sea sí, tenemos comunión con

otros creyentes y por supuesto que es cierto. Pero cuando examinamos de cerca este versículo, nos damos cuenta de que el antecedente (¿recuerdas tu gramática de la escuela?) de la frase "tenemos comunión unos con otros" no se refiere a otros cristianos, sino a Dios mismo. En otras palabras, *¡tenemos comunión con Dios y Dios tiene comunión con nosotros!*

Permíteme repetirlo una vez más: ¡Dios desea tener comunión con nosotros! Pero no puede tener comunión con nosotros mientras estemos encogidos de miedo en la oscuridad. Tenemos que desempacar nuestra carga de pecado en la luz de su gracia y su perdón. Para tener comunión con Dios debemos vivir expuestos a la luz.

El alto costo de venir a la luz

¿Qué precio estás dispuesto a pagar para tener una conciencia limpia delante de Dios y de los demás? Por desdicha, la cara de desaprobación de nuestros amigos a veces nos parece más importante que la sonrisa de Dios. Debemos vencer nuestra inclinación natural a esconder nuestra culpa y salir a la luz, sin importar cuánto nos cueste hacerlo. El falso yo, esa parte de nuestro ser que niega la codicia, el egoísmo y todo acto pecaminoso, nunca puede ser sanado a menos que quede expuesto. Esa parte de nosotros que obtiene su valía de los logros y la adulación ajena, esa parte de nosotros que se aleja de aquellos que representan una amenaza, esa parte de nosotros que juzga a otros por pecados de los cuales somos igualmente culpables, esa parte de nosotros debe ser sacada a la luz. Cuando el falso yo queda expuesto y sabemos que Dios nos ama con un amor eterno, somos verdaderamente libres. Brennan Manning cita las palabras de Barbara Finand: "La restauración se alcanza cuando hemos sido quebrantados y, de ese modo, sanados".[3]

A principios de los años 70 hubo un gran avivamiento al occidente de Canadá. Este avivamiento atrajo la atención de la prensa

3. Barbara Finand, citada por Manning, *Abba's Child*, p. 74.

secular por el gran número de personas que estaban rectificando sus errores. El servicio de impuestos canadiense empezó a recibir cheques de personas que querían corregir sus informes fraudulentos de impuestos pasados.

Mi cuñada regresó a una tienda a devolver una bolsa de patatas de 99 centavos que, sin ella darse cuenta, había pasado por alto y estaba en el fondo de su carrito de compras. Cuando se presentó al administrador de la tienda y confesó lo sucedido, él dijo: "O es mi día de suerte, o algo está sucediendo en esta ciudad. Usted es la segunda persona que ha venido hoy a verme para confesar un robo".

Esto me recuerda a mi profesor de química de la secundaria. Se la pasaba en la iglesia. Él y su familia no faltaban a ninguna actividad eclesial. Él enseñaba escuela dominical y era uno de los líderes de la iglesia. Pero años antes, este hombre había hecho trampa en un trabajo final cuando era estudiante de maestría. Desde nuestro punto de vista diríamos que no era nada grave. Sin embargo, él contaba que cuando subió a la plataforma para recibir su diploma, sintió como si sus pies fueran de plomo. Su conciencia lo atormentaba tanto que regresó a la universidad, dispuesto a entregar su diploma. Ellos no lo aceptaron, pero él estuvo dispuesto a pagar el precio.

Para algunos, el costo de salir a la luz es monetario. Un contratista cristiano había engañado a sus clientes usando materiales de mala calidad en las casas que construía. Lo que hacía era prometer una calidad de tablas, un tipo de aislamiento y aspectos similares, pero les daba otro. Cuando trató de ser honesto en la presencia de Dios, no pudo eludir su deshonestidad y robo. Sin importar cómo intentara explicarlo, sin importar cuántas veces confesara su pecado a Dios, sabía que no podía tener paz mientras estuviera en sus manos restituir el daño que causó. Cuando por fin se dispuso a hacerlo, regresó al banco y pidió un préstamo para pagar a sus clientes. "La comunión con Dios me ha costado miles de dólares —dijo él—. Pero sí que ha valido la pena".

En la mañana del 21 de diciembre de 1975, John Claypool, de catorce años, disparó y mató al vecino y a su esposa sin ningún otro motivo aparte de experimentar la sensación de ver a alguien morir. Aunque la policía lo interrogó y él era el principal sospechoso, lo liberaron por falta de pruebas. Más adelante, él confesó que su hecho siniestro permanecía vivo en su mente. No se lo contó a nadie y planeó guardar su secreto hasta la tumba.

Con el tiempo el hombre se casó, tuvo dos hijos y luego su esposa lo dejó. Dios trajo algunos cristianos a su vida y él anhelaba tener la paz que veía en ellos. "Este anhelo por la paz con Dios nació del peso constante que yo sentía en mi alma por mi pecado". Compró una Biblia y comprendió que Jesús podía salvarlo de sus pecados. Se convirtió. Entonces su corazón retumbaba de temor cuando sintió que el Espíritu Santo le decía: "Hijo mío, debes obedecerme confesando tu crimen, o nunca experimentarás mi bendición completa en tu vida".

Confesó su oscuro secreto a la mujer que era su novia en ese momento y ella rompió con él. Finalmente, el 27 de noviembre de 1995, con la ayuda de su pastor y de un abogado, Juan se entregó a las autoridades. Aunque un miedo terrible se apoderó de él cuando los medios de comunicación revelaron su historia, él dijo:

> A pesar de todo, Dios fue fiel a su promesa de sostenerme. En el momento de la verdad, aunque era un prisionero de la ley, fui libre delante de Dios por primera vez en mi vida. No puedo describir lo que sentí al librarme de esa carga. El Señor sostenía ahora en sus brazos a este hijo que había sido desobediente. Y, fiel a su promesa, ¡no me dejó caer! Una paz maravillosa inundó mi alma, algo que nunca antes había experimentado...
>
> Ahora vivo encerrado en una prisión de máxima seguridad, pagando una condena por asesinato en segundo grado. Pero soy más libre y tengo más paz que en toda mi vida.[4]

---

4. John Claypool, como fue relatado a Ken Hyatt, "Freedom Behind Bars", *The Standard*, abril 1999, pp. 22-23.

En cambio, un hombre cristiano que falsificó un formulario de solicitud para recibir una compensación laboral no quiso salir a la luz, a pesar de las recomendaciones de su pastor. Después de sufrir un accidente durante las vacaciones, el hombre afirmó que había sucedido en el trabajo. Ahora recibe un pago mensual de por vida. Él dice: "¿Creen que voy a confesar al comité de compensación? Iría a prisión por eso. Lo siento, pero quiero dejar las cosas como están". Él no se da cuenta de que sería mucho mejor estar en comunión con Dios en la cárcel que caminando en tinieblas como un hombre "libre".

Salir a la luz siempre vale la pena, no solo para limpiar tu conciencia sino para tener una relación fructífera con Dios. En su presencia somos sanados.

Lecciones transformadoras

Recordemos estas lecciones cuando consideremos salir a la luz.

1. Lo que ocultamos hace daño.

Hay cierta verdad en la declaración de que solo estás tan enfermo como tus secretos más oscuros. Eso es cierto tanto para la persona que ha pecado como para la que ha sido afrentada. Quienes han sido víctimas de injusticias y ahora cobran venganza contra otros, también deben salir a la luz.

Por supuesto que "salir a la luz" tiene diferentes significados según cada persona. Para todos significa ser sinceros delante de Dios, enfrentar con humildad nuestros pensamientos, deseos y acciones sin importar cuán vergonzosos puedan ser. Para otros significa la necesidad de reconciliarnos con otros (ver capítulo 9), o la necesidad de recibir consejo y afirmación de las personas en las que confiamos. Recuerda que el propósito no es solo exponer la oscuridad sino disfrutar la luz.

2. La luz y las tinieblas no pueden coexistir.

Hay una leyenda en la que el sol, hablando a una cueva oscura, dice: "¿Por qué no sales a la luz?". La cueva oscura acepta la sugerencia, sale a la luz y dice: "Ahora he experimentado un poco de luz. Sol, ¿por qué no vienes a mi cueva para que puedas experimentar un poco de oscuridad?".

El sol aceptó el ofrecimiento y, cuando descendía hacia la cueva, dijo: "No veo ninguna oscuridad aquí". Cuando la oscuridad y la luz chocan, siempre gana la luz.

Cuando vemos luz, debemos acercarnos a ella, o volver a las tinieblas. Si elegimos volver a la oscuridad, nuestro corazón se endurecerá más y nos sentiremos más cómodos con las tinieblas. Esto es lo que sucede a quienes Pablo describe como individuos con una conciencia endurecida, cauterizada por la indiferencia a la luz de Dios (ver 1 Timoteo 4:2). No debería sorprendernos que entre aquellos que son verdaderamente malos están los que, en algún momento, parecían caminar en la luz. Entre más luz rechacemos, mayores serán las tinieblas que debamos soportar.

3. La cuestión no es si hemos salido a la luz, sino más bien si ahora caminamos en ella.

A veces, cuando alguien comete pecado, como inmoralidad por ejemplo, preguntamos: "¿Se arrepintió?". Pero en realidad es mejor preguntar: "¿Se está arrepintiendo?". Es posible que la persona que ha salido a la luz en el pasado esté andando en tinieblas en el presente. Salir a la luz es solo el primer paso del proceso. El hecho es que cada creyente debe andar hoy en una luz mayor que la de ayer... la vida es un viaje largo y solo se convierte en destino cuando morimos.

¿Puede un cristiano que ha andado en la luz volver a las tinieblas? Sí. Como hemos aprendido, "Si *decimos* que tenemos comunión con él, y andamos en tinieblas, *mentimos*, y no practicamos la verdad" (1 Juan 1:6). Demostramos nuestro amor a Dios andando en la luz a pesar de lo que esto nos cueste.

Permíteme darte el mejor consejo que tal vez encuentres en este libro: Cuando tu conciencia ha sido limpiada mediante la confesión, ¡mantén las cuentas saldadas con Dios y con los demás! Confiesa tu pecado a Dios tan pronto como seas consciente de él;

no dejes que los pecados se acumulen con la idea de tratarlos más adelante. Tu meta debe ser mantener una comunión constante con Dios y con el prójimo. No pospongas más, no te escondas más.

Déjate encontrar

Robert Fulghum, en *Todo lo que hay que saber lo aprendí en el jardín de infantes*, contaba cómo en el mes de octubre, cuando era niño, él y sus amigos jugaban a esconderse en montones de hojas secas. Había un niño que siempre se escondía tan bien que nadie podía encontrarlo. Llegaba el punto en que todos se rendían y dejaban de buscarlo. Cuando al fin aparecía, ellos le explicaban que la idea era esconderse y luego encontrarse, y que no debía esconderse de tal modo que nadie pudiera encontrarlo. Fulghum sigue su relato con estas palabras:

> Mientras escribo esto, el juego del vecindario sigue vivo y hay un chico bajo un montón de hojas en el patio bajo mi ventana. Ha estado allí mucho tiempo y ya encontraron a todos los demás y están a punto de darse por vencidos en su búsqueda en la base. Pensé en la posibilidad de salir a la base y decirles dónde se escondía. Pensé incluso en prender fuego a las hojas para obligarlo a salir. Al final, simplemente grité por la ventana: "¡DÉJATE ENCONTRAR, CHICO!". Esto lo asustó tanto que quizá… empezó a llorar y corrió a casa a contárselo a su madre. Es realmente difícil saber a veces cómo ayudar.[5]

Tal vez a ti te guste jugar a las escondidas al estilo de los adultos. Procuras esconderte tan bien que nadie pueda encontrarte. Todos nos hemos escondido tan bien en montones de hojas que

5. Robert Fulghum, *All I Really Needed to Know I Learned in Kindergarten: Uncommon thoughts on Common Things* (New York: Villard Books, 1988), pp. 56-58. Publicado en español por Emecé Editores (2004) con el título *Todo lo que hay que saber lo aprendí en el jardín de infantes*.

nadie puede vernos. Al principio nos alegramos y hay una sensación de seguridad al saber que nadie puede encontrarnos. Pero al final Dios convierte nuestro escondite en un infierno privado. Y luego queremos ser encontrados como sea.

"Examíname, oh Dios, y conoce mi corazón; pruébame y conoce mis pensamientos; y ve si hay en mí camino de perversidad, y guíame en el camino eterno" (Salmos 139:23-24). Así que grito, allí donde estás, en tu montón de justificaciones, debajo de tu montón de amargura y engaño: ¡DÉJATE ENCONTRAR!

Medita en la Palabra

Este es el mensaje que hemos oído de él, y os anunciamos: Dios es luz, y no hay ningunas tinieblas en él. Si decimos que tenemos comunión con él, y andamos en tinieblas, mentimos, y no practicamos la verdad; pero si andamos en luz, como él está en luz, tenemos comunión unos con otros, y la sangre de Jesucristo su Hijo nos limpia de todo pecado. Si decimos que no tenemos pecado, nos engañamos a nosotros mismos, y la verdad no está en nosotros (1 Juan 1:5-8).

Reflexiona

Haz un inventario sincero de tu vida con esta pregunta: ¿Qué armarios oscuros no he revelado a Dios? Invita al Espíritu Santo a que te ayude a abrir esas puertas y a sacar los asuntos que has intentado esconder de ti y de los demás. Decide caminar en la luz cada día y no permitir que se acumulen más y más. Antes bien, confiésalos cada vez que sean revelados.

7

Conflictos de conciencia

El testimonio de una buena conciencia vale más
que una docena de testigos de carácter.

AUTOR DESCONOCIDO

"Le escribo llorando. Mis hijas y yo somos muy recatadas en nuestra forma de vestir, pero yo les permito usar pantalonetas y pantalones holgados para la clase de educación física en la escuela pública. No siempre acatamos el código de vestimenta de nuestra iglesia: mangas y faldas largas, y el cabello siempre muy largo. Mi esposo está de acuerdo conmigo y nuestras hijas no cumplen estas expectativas. No obstante, los líderes de la iglesia a la que asistimos dicen que hemos caído y que estamos perdidas".

Ella continúa: "Mi conciencia me molesta cuando estas personas me visitan… es como una atadura. ¿Soy mundana porque quiero lucir hermosa con sencillez? ¿Por qué no puedo dejar a un lado este asunto del modo de vestir? ¿Por qué me preocupa lo que piensan? ¿Estoy condenada? ¿No estoy caminando en la luz? ¿Estoy perdida? El enemigo ha usado esto contra mí durante muchos años. No quiero perder el cielo por tratar de verme bien".

Mi respuesta es que sí, indudablemente las mujeres deben ser recatadas en su modo de vestir, pero esperar que se conformen a ciertas normas como las que describe este testimonio desvía la atención hacia el lugar equivocado. Incluso la prohibición del Antiguo Testamento contra el uso de prendas masculinas por parte de una mujer está más relacionada con travestismo que con el dilema del pantalón o la falda. Tampoco está mal que una mujer se vea hermosa. Claro que en nuestra cultura la belleza es a menudo una obsesión. Los espectáculos televisivos y otros medios que enfatizan la belleza y la sexualidad están destruyendo a nuestros jóvenes.

Sin embargo, ¿cómo puede esta mujer librarse del legalismo cruel de su iglesia? Me parece que Jesús nos amonestaría a enfocarnos en el corazón y no en la observación de unas reglas insignificantes. A veces parecería mejor simplemente no asistir a una iglesia que exige a sus miembros acatar ciertas normas arbitrarias.

¿Cómo pueden resolverse estas disputas?

El Nuevo Testamento enseña que a veces los cristianos están en desacuerdo acerca de asuntos de conducta porque es posible que la conciencia de una persona le permita ciertas cosas, mientras que a otra se las prohíbe. Tenemos que evitar con cuidado juzgarnos los unos a los otros.

Nunca debemos olvidar que algunas cosas siempre están mal: siempre está mal quebrantar los mandamientos, siempre está mal conformarse al mundo, siempre está mal permitir que palabras dañinas salgan de nuestra boca, siempre está mal contristar al Espíritu Santo, siempre está mal complacer nuestros apetitos sensuales. Y la lista sigue.

Por otro lado, hay cosas que siempre están bien: siempre está bien amarse los unos a los otros, siempre está bien poner nuestra atención en las cosas de arriba y no en las de la tierra, siempre está bien estar lleno del Espíritu, siempre está bien ser honesto y respetar a los demás.

Sin embargo, hay algunos asuntos que resulta difícil clasificar como buenos o malos, pecaminosos o no. Algunas cosas son un asunto de conciencia. Por ejemplo, en Europa los cristianos acostumbran tomar vino u otras bebidas fermentadas, y les sorprende que muchos cristianos en los Estados Unidos crean en la abstinencia total. Muchos de nosotros argüiríamos que, en vista de lo desastroso que es el alcoholismo, es mejor no tomar un solo trago. Pero otros argumentan que se puede abusar de cualquier cosa, incluso de la comida. En los tiempos bíblicos, Jesús tomó agua y la convirtió el vino. De modo que los desacuerdos persisten.

Hubo una época en la que escuchamos desde los púlpitos que ningún cristiano debería jamás ir al cine. Pero hoy, para bien o para mal, los cristianos lo hacen habitualmente. Hubo una época en la que los cristianos nunca participaban en deportes los domingos, pero ahora exaltamos a los deportistas cristianos aun si sus agendas les impiden asistir a la iglesia durante las temporadas de juego. La lista de qué hacer y qué no hacer varía entre culturas y épocas.

¿Cómo solucionamos estas diferencias?

Soy muy consciente de que discutir estos asuntos es como caminar en un campo minado. La característica principal de un campo minado es que las minas están ocultas. Estoy arriesgándome a pisar una en cualquier momento, pero tenemos que recordar que el campo minado de una persona constituye el de protección para otra. Así que te invito a recorrer juntos este capítulo.

Todos somos tentados a generalizar nuestras convicciones personales; queremos que se vuelva absoluto lo que debería ser relativo. Pensamos que porque nos gusta cierta clase de música todo el mundo debería disfrutar esa misma clase de música. Algunos cristianos dicen "¡Dios odia la misma música de adoración que yo detesto!". Nos dejaría estupefactos ver lo diferente que es la adoración de los cristianos en otros lugares del mundo. Algunos son reservados y otros adoran con gran libertad cantando y danzando. Estamos encerrados en nuestra propia cultura mucho más de lo que creemos y, aun así, queremos siempre poner en términos absolutos nuestras preferencias personales.

La otra tentación es la de relativizar el pecado. Hay una tendencia a volver el pecado aceptable reduciendo los absolutos a normas y perspectivas culturales. Cuando hacemos esto, rebajamos los estándares en lugar de arraigarlos in sólidos principios bíblicos. Siempre debemos tratar de buscar el equilibrio entre los peligros del legalismo y los peligros del libertinaje.

Un tercer problema es nuestra tendencia a definir la espiritualidad en términos de lo que no hacemos. Nos gustan las listas de qué hacer y qué no hacer porque nos ayudan a definir el contenido de la vida cristiana. Algunos recordamos la jerga que solía usarse: "¡No bebas, no bailes, no mastiques goma de mascar, ni andes con chicas que lo hacen!". Algunas personas todavía piensan que una prueba de la conversión es simplemente vivir conforme a las "reglas" correctas. Y para algunas iglesias, esas reglas dictan que las mujeres no pueden usar pantalones para hacer deporte y ni siquiera en invierno.

¿Son legalistas quienes acatan normas, incluso las que son estrictas? Tal vez sí, tal vez no. El legalismo es el uso equivocado de normas o reglas. Si yo guardo ciertas reglas con la idea de volverme piadoso, entonces sí, soy legalista. Las reglas me guardan de ciertos pecados, pero son incapaces de otorgarme piedad. Las reglas no me hacen amar a Dios o anhelar la santidad. Jesús trató de hacer entender a los fariseos que las reglas no pueden cambiar el corazón.

Aquí en Chicago hay un área de la ciudad con 160.000 habitantes. Nadie bebe allí ni una sola gota de licor, ni fuma, ni baila, ni ve películas. Hablaba acerca de esto con un amigo y él me dijo que realmente le gustaría visitar esa zona de la ciudad, e incluso considera la posibilidad de mudarse allí. Yo le dije que tal vez eso sería posible un día. Sin embargo, ¡esa área de la ciudad es el cementerio Rosehill! Como puedes ver, algunas personas que definen la vida cristiana conforme a lo que *no* hacen, pasan por alto el punto esencial.

No obstante, las reglas, incluso las negativas, tienen cierto valor. Yo crecí con reglas que me guardaron de cometer ciertos pecados y nosotros educamos a nuestros hijos en gran medida con las mismas normas. Hay muchas cosas que son necedad hacerlas; otras son categóricamente malas. Es obvio que Dios otorgó valor a los "No..." como nos lo recuerdan los diez mandamientos.

De manera que no debemos criticar a quienes acatan ciertas normas. Puede que sean legalistas, pero no necesariamente. A Jesús no le molestaba que los fariseos guardaran sus normas (aunque algunas estaban por fuera de los límites de las Escrituras), pero sí lamentó el hecho de que ellos dejaran de cultivar la intimidad con Dios.

Recapitulemos un poco: dos personas pueden acatar las mismas reglas y, aun así, una puede hacerlo de manera legalista porque cree que esas reglas definen su relación con Dios, mientras que la otra lo hace consciente de que lo importante es cultivar su relación con Dios. En el fondo, el legalismo es un asunto del corazón y de motivación.

Para algunos lectores, este capítulo parece tratar asuntos superficiales. No obstante, cuando eres miembro de la familia de Dios y quieres agradar al Señor, aun los asuntos triviales son importantes. Tenemos que agradar al Señor y trabajar juntos, y eso no es una tarea despreciable. Así pues, busquemos en la Biblia los qué hacer y qué no hacer, con la esperanza de que podamos coincidir en los principios, aunque no necesariamente en la conducta específica. Ante todo, queremos vivir con una conciencia limpia.

Qué hacer y qué no hacer

En la ciudad de Roma del primer siglo, algunas personas que se convertían al cristianismo provenían de una herencia judía, mientras que otras procedían del paganismo. Algunos que se convertían estaban convencidos de que debían guardarse las leyes acerca de los alimentos del Antiguo Testamento, mientras que otros aceptaban la nueva revelación de que tales requisitos eran cosa del pasado. Pablo escribió para impartir principios y aclaraciones que siguen vigentes hasta hoy. Él nos dice que, a veces, puede haber dos puntos de vista legítimos y que debemos aceptarnos mutuamente y procurar mantener buenas relaciones con todos.

Estos son los parámetros para juzgar estos asuntos:

No nos juzguemos los unos a los otros

"Recibid al débil en la fe, pero no para contender sobre opiniones. Porque uno cree que se ha de comer de todo; otro, que es débil, come legumbres" (Romanos 14:1-2). ¿Cómo resolver este asunto? Pablo continúa: "El que come, no menosprecie al que no come, y el que no come, no juzgue al que come; porque Dios le ha recibido" (v. 3). Aquellos que entienden la nueva revelación de Dios acerca de la libertad de las leyes alimentarias (es decir, los que son fuertes) no debían juzgar a quienes no se sentían libres para comer carne (los débiles).

Pablo consideraba fuertes a los que tenían libertad en este asunto y débiles a aquellos que sentían que su deber era acatar las reglas antiguas. Si hubiéramos estado allí tal vez habríamos tenido una opinión diferente. Quizá habríamos dicho que la persona que acataba las normas judías antiguas era la persona fuerte y aquella que tenía la libertad para comer de todo era el cristiano débil. De forma tácita damos por hecho que el cristiano que tiene la libertad para disfrutar ciertas actividades es débil, mientras que el fuerte entiende que dicha libertad supone transigir con el mundo.

Pablo afirma que lo opuesto es verdad. Un cristiano fuerte comprende que las actividades que son moralmente neutrales no deben ser prohibidas de forma categórica. Un cristiano débil multiplica los tabúes, pensando que una vida espiritual significa conformarse a una lista correcta de prohibiciones. En Roma, los cristianos fuertes podían comer carne con una conciencia limpia, en tanto que los cristianos débiles no.

El punto que señala Pablo es que ni el débil ni el fuerte debían juzgar al otro. Si una persona se considera fuerte, no debe juzgar al que es débil. La persona que va al cine no debe juzgar al que rehúsa ir allí; pero el que rehúsa ir tampoco debe juzgar al que va, a menos que estemos hablando de una película subida de tono que ningún cristiano debería ver. El punto es que el cine en sí mismo es neutral; por lo tanto, debe haber laxitud sin juicio. El hermano fuerte considera que el cine en sí mismo no es bueno ni malo, pero no debe juzgar al hermano débil que cree que entrar allí es transigir con el mundo.

Supongamos que tú, junto con otras personas, fueran siervos en una casa. ¿Sería tu responsabilidad juzgar el desempeño de uno de tus compañeros? No. Pablo escribió: "¿Tú quién eres, que juzgas al criado ajeno? Para su propio señor está en pie, o cae; pero estará firme, porque poderoso es el Señor para hacerle estar firme" (v. 4). Luego Pablo ilustra lo que quiere decir hablando del día de reposo.

Cuando los judíos venían a la salvación, algunos no podían romper la costumbre de observar el séptimo día de la semana en lugar del primero (domingo). ¿Cuál fue la respuesta de Pablo? "Uno hace diferencia entre día y día; otro juzga iguales todos los días. Cada uno esté plenamente convencido en su propia mente" (v. 5).

¿Puede un cristiano asistir a un partido de fútbol el domingo? Si decimos: "Está bien *ver* un partido de fútbol en la televisión, pero no *asistir* a un partido el domingo", caemos en un montón de nimiedades. En realidad es un asunto de la conciencia de cada uno y no debemos juzgar a otros por eso. Puede que nuestro Señor le permita a uno de sus hijos participar y a otro no. Para nuestro propio Señor estamos en pie, o caemos.

Entonces ¿no debería preocuparnos que el domingo pierda valor por cuenta de los deportes, las compras, o los viajes? Sí, debería preocuparnos, porque si bien adoramos a Dios todos los días, el domingo es un tiempo especial en el que nos congregamos con el pueblo de Dios. Sin embargo, ¡la respuesta no es crear una regla que se aplique a todo cristiano! La respuesta es enseñar a las personas a amar a Dios más que a los deportes. Y amar al pueblo de Dios más de lo que aman hacer compras, o cualquier otra cosa.

Pablo diría que sea cual sea el día que escojamos, ya sea sábado o domingo, lo apartemos como un día especial, y sea cual sea la dieta que adoptemos, debemos comer y adorar para la gloria de Dios. Entonces asegurémonos de tener la motivación correcta y no nos preocupemos más por juzgarnos los unos a los otros. En asuntos como estos, hay lugar para las diferencias en la casa de Dios.

El pastor que dice a sus feligreses que las mujeres que usan pantalón han perdido su salvación y van a ir al infierno, está juzgando a sus hermanos y hermanas. Para su Señor estarán en pie o caerán. Pablo nos advierte que todos, individualmente, rendiremos cuentas a Dios. Tenemos que cuidarnos de pretender universalizar nuestras convicciones personales acerca de estos asuntos.

No hagamos tropezar a nuestro hermano

"Así que, ya no nos juzguemos más los unos a los otros, sino más bien decidid no poner tropiezo u ocasión de caer al hermano" (v. 13). Pablo reiteró esto de nuevo unos versículos más adelante: "No destruyas la obra de Dios por causa de la comida. Todas las cosas a la verdad son limpias; pero es malo que el hombre haga tropezar a otros con lo que come. Bueno es no comer carne, ni beber vino, ni nada en que tu hermano tropiece, o se ofenda, o se debilite" (vv. 20-21).

¿Qué significa poner tropiezo a un hermano?

Consideremos una controversia un poco diferente que Pablo expuso en la iglesia de Corinto. Esta ciudad era un centro de adoración pagana y de permisividad sexual. Parte de la adoración pagana incluía comer carne que había sido ofrecida a los dioses. El sacerdote tomaba la carne que traían los adoradores y la ponía sobre el altar. Más adelante, esa carne era llevada al mercado y vendida por un precio inferior que la que procedía directamente del matadero. Cuando algunos de los paganos se volvieron cristianos, se dieron cuenta de que dado que los ídolos no eran nada, la carne ofrecida a ellos no estaba contaminada. Pero otros cristianos eran débiles en su fe y sentían que comer la carne que había sido ofrecida a esas deidades los volvía a enredar en su idolatría pasada. Temían que al comer esa carne se contaminaban.

Podrás imaginarte los desacuerdos que esto pudo suscitar.

—No puedo creer que comas carne que fue ofrecida a Zeus.

—Espera, ¿quién es Zeus? Él no es nada, un ídolo de piedra nada más.

—Sí, pero detrás de esos ídolos hay demonios.

—Sí, de acuerdo, pero como soy seguidor de Jesús, Él toma lo que pertenecía a los dioses paganos y lo santifica.

Un cristiano acusaba al otro por su falta de separación del mundo, el otro respondía que tales acusaciones no eran más que el resultado de una mente estrecha. Pablo dijo que los cristianos tienen libertad en este asunto, pero eso no significa necesariamente que deban usar esa libertad aun si tienen el conocimiento adecuado (es decir, la comprensión de que un ídolo no es nada). El hecho de que algunos creyentes sabían que podían comer esa carne no significaba que *debían* comerla. Ciertamente, Dios había declarado todos los alimentos limpios, pero dado que para algunos creyentes eso suponía ceder al paganismo, Pablo escribió: "Pero mirad que esta libertad vuestra no venga a ser tropezadero para los débiles" (1 Corintios 8:9).

Ahora bien, ¡eso no significa que nunca debamos hacer algo que desagrade a otro cristiano! Cristo muchas veces dijo e hizo cosas que ofendieron a otros, incluso a sus propios discípulos. Si le hubiera preocupado ofender a los fariseos, no habría sanado a los enfermos en el día de reposo, ni habría comido con publicanos y pecadores. Estas acciones desataron la ira desmedida de los camaradas religiosos, pero Jesús lo hizo de todas maneras.

Para Pablo, ser tropezadero significaba *hacer algo que llevara al hermano a recaer en su pasada vida de pecado*. Imagina que a un hermano más débil lo invitan a la casa de un hermano más fuerte que sirve carne. El hermano débil le pregunta si la carne ha sido ofrecida a los ídolos y el hermano fuerte dice: "Sí, fue sacrificada a los ídolos". Esto lleva al hermano débil a creer que lo están arrastrando de nuevo a su antigua conexión con dioses paganos. Un hermano ha puesto al otro en un dilema en el que le toca escoger entre ser descortés o violar su conciencia. Pablo dice que esto no debe hacerse.

Aunque la ilustración que voy a citar a continuación puede parecer banal, la cuento porque fui testigo del hecho. Un hombre que pasaba todo su tiempo libre en apuestas y bebiendo en una sala de billar, experimentó una conversión radical. Meses después, lo invitaron a la casa de una pareja cristiana que tenía una mesa de billar en el sótano. El nuevo cristiano se quedó sin aliento cuando vio la mesa; no podía creer que personas cristianas pudieran jugar eso, que en su forma de pensar, era pecaminoso. Al hombre mayor que era cristiano le sorprendió la reacción de su nuevo amigo. ¿Qué podía tener de malo jugar billar? La respuesta, obviamente, es: nada. Pero el dueño de la casa estaría pecando si insistiera en que su visitante jugara. De hecho, sería mejor no jugar en absoluto que obligar a su hermano a poner en peligro sus convicciones.

Si beber vino tienta a mi hermano a recaer en el alcoholismo, o si invitarlo a un juego de fútbol revive en él la obsesión que alguna vez tuvo por el deporte, o si ir al cine lo arrastra de nuevo a una vida de placer sensual, entonces yo no debería hacer esas cosas aun si tengo la libertad de hacerlas. "Por lo cual, si la comida le es a mi hermano ocasión de caer, no comeré carne jamás, para no poner tropiezo a mi hermano" (1 Corintios 8:13).

Esta es una máxima, en forma de pregunta, de la forma como debemos vivir: *¿Existe algo que hago o invito a otros hacer que podría arrastrarlos de nuevo a la sensualidad u otras formas de pecado?*

No violemos nuestra conciencia

Pablo prosigue con sus instrucciones a la iglesia de Roma con esta exhortación: "¿Tienes tú fe? Tenla para contigo delante de Dios. Bienaventurado el que no se condena a sí mismo en lo que aprueba. Pero el que duda sobre lo que come, es condenado, porque no lo hace con fe; y todo lo que no proviene de fe, es pecado" (Romanos 14:22-23). Este principio se aplica por igual al débil y al fuerte. El hermano débil no debería hacer nada que contradiga su fe, aun si es una actividad inofensiva. Tampoco el hermano fuerte debe hacer algo que no considere correcto ni bueno para él. Si esto viola tu conciencia, *no lo hagas.*

Puesto que el ambiente modera la conciencia, algunas personas se pueden sentir redargüidas por asuntos triviales. Con el tiempo, pueden empezar a aceptar la revelación de Dios con respecto a la libertad cristiana en un punto particular. Hasta que eso suceda, los tales pecan si no pueden hacer estas cosas con una conciencia limpia. Y el hermano fuerte no debe tener una conciencia limpia si está siendo tropiezo para otro.

Por ejemplo, hay ciertos juegos de cartas que tienen su origen en el ocultismo. Yo personalmente no practico juegos de cartas con símbolos o conexiones ocultas. Esa es mi convicción profunda, de modo que si yo jugara con eso violaría mi conciencia. Sin embargo, cuando visité un centro para jubilados, noté que muchos de ellos juegan con ese tipo de cartas. Mi primera reacción fue juzgarlos y decir que un cristiano no debería participar en estos juegos y que, además, son una pérdida de tiempo. Piensa lo que podría lograrse si cada jubilado se interesara en apoyar a los misioneros, escribirles cartas y orar por sus hijos.

Sin embargo, al pensarlo mejor, comprendí que necesitaba dar lugar a la conciencia individual. Al igual que la carne ofrecida a los ídolos era santificada por la Palabra de Dios y la oración, los juegos de cartas en manos de cristianos pueden ser eso y nada más: cartas con imágenes y no asociaciones arbitrarias. Como dijo Pablo: "Pero tú, ¿por qué juzgas a tu hermano? O tú también, ¿por qué menosprecias a tu hermano? Porque todos compareceremos ante el tribunal de Cristo. Porque escrito está: Vivo yo, dice el Señor, que ante mí se doblará toda rodilla, y toda lengua confesará a Dios. De manera que cada uno de nosotros dará a Dios cuenta de sí" (vv. 10-12).

Sí, como hemos aprendido, hay ocasiones en las que debemos juzgar, pero asegurémonos de juzgarnos primero a nosotros mismos. Y asegurémonos también de no violar nuestra conciencia.

No sirvamos al yo sino a Dios

En Romanos 15, Pablo nos presenta el cuarto principio que debemos seguir: "Pero el Dios de la paciencia y de la consolación os dé entre vosotros un mismo sentir según Cristo Jesús, para que unánimes, a una voz, glorifiquéis al Dios y Padre de nuestro Señor Jesucristo. Por tanto, recibíos los unos a los otros, como también Cristo nos recibió, para gloria de Dios" (vv. 5-7).

Vivir una vida que glorifica a Dios significa que trascendemos las reglas. Tal motivación trasciende al legalista que quiere la vida cristiana reducida a una lista de qué hacer y qué no hacer. Trasciende al cristiano farisaico cuya libertad ha terminado en libertinaje. Este es un principio que deja nuestros corazones expuestos y se convierte en el fundamento para toda conducta.

¿Dices que tienes la libertad de ir al cine? Si lo haces, asegúrate de ver solo películas que te lleven a glorificar a Dios. ¿Tienes la libertad para ver televisión? Conviene que solo veas programas que te ayuden a glorificar a Dios. Si me dices que tienes libertad para beber vino, asegúrate de hacerlo para la gloria de Dios y no permitas que termine en ebriedad. Si me dices que tienes la libertad de jugar deportes a nivel profesional el domingo, más vale que lo hagas para la gloria de Dios y que tengas la fuerza de voluntad para cambiar tu vocación si esta te impide agradar a Aquel que te redimió. Tú, mujer, ¿dices que tienes la libertad para vestirte con elegancia? Asegúrate de hacerlo para la gloria de Dios.

¿Tienes libertad para usar la Internet? Úsala para glorificar a Dios y elige de tal manera que no te desvíes hacia sitios de pornografía u otras formas de sensualidad. Es al Señor a quien servimos.

Piensa en el ejemplo que estás dando a otros: "Así que, los que somos fuertes debemos soportar las flaquezas de los débiles, y no agradarnos a nosotros mismos. Cada uno de nosotros agrade a su prójimo en lo que es bueno, para edificación. Porque ni aun Cristo se agradó a sí mismo; antes bien, como está escrito: Los vituperios de los que te vituperaban, cayeron sobre mí" (15:1-3).

Recuerda: ¡Ni siquiera Cristo se agradó a sí mismo!

Queda claro que cuando vivimos conforme a esta norma, nos damos cuenta de que el cristianismo no es cuestión de normas, sino de *relación*. Los qué hacer y qué no hacer son nada más los primeros pasos para aprender que algunas cosas están mal. Entre más cerca vivimos del Señor, más descubrimos que incluso las actividades neutrales se convierten en pecado cuando ocupan el tiempo y la energía que deberían usarse para los valores eternos. Una vez comprendemos este concepto, seremos más y más renuentes a juzgar a otros, porque veremos más claramente nuestros propios fracasos y pecados.

Por último, si realmente viviéramos conforme a este principio, ¡veríamos nuestra absoluta incapacidad de vivir la vida cristiana en nuestras propias fuerzas! Ardería tanto el deseo divino de llevar una vida pura, que nos llevaría a Dios en busca de su poder sobrenatural. Las distinciones insignificantes palidecerían comparadas con asuntos más importantes como la honestidad, el profundo amor a Dios y el fruto del Espíritu. Nos sentiríamos indefensos, débiles moralmente, e incapaces. Tendríamos una nueva perspectiva acerca de lo indispensable que es depender de Dios para vivir la vida cristiana.

¡Cristo no nos ha encerrado en una jaula para que seamos buenos mientras otros se divierten! Sus restricciones nos han sido dadas para mostrarnos con mayor intensidad nuestra necesidad de Él. Es nuestra relación con Él lo que importa. Un cristiano es mucho más que un pecador sin sus pecados. Con razón Jesús dijo que Él vino a darnos vida, y vida en abundancia (ver Juan 10:10).

"Santificad a Dios el Señor en vuestros corazones, y estad siempre preparados para presentar defensa con mansedumbre y reverencia ante todo el que os demande razón de la esperanza que hay en vosotros; *teniendo buena conciencia*, para que en lo que murmuran de vosotros como de malhechores, sean avergonzados los que calumnian vuestra buena conducta en Cristo" (1 Pedro 3:15-16).

Si fuéramos arrestados por ser cristianos, ¿habría suficiente evidencia para inculparnos? ¡Eso debería ayudarnos a definir mejor los prerrequisitos de una conducta cristiana genuina!

Medita en la Palabra

Pero tú, ¿por qué juzgas a tu hermano? O tú también, ¿por qué menosprecias a tu hermano? Porque todos compareceremos ante el tribunal de Cristo. Porque escrito está: Vivo yo, dice el Señor, que ante mí se doblará toda rodilla, y toda lengua confesará a Dios. De manera que cada uno de nosotros dará a Dios cuenta de sí. Así que, ya no nos juzguemos más los unos a los otros, sino más bien decidid no poner tropiezo u ocasión de caer al hermano (Romanos 14:10-13).

Reflexiona

¿Estás siendo de tropiezo para otros? ¿Hay algo que haces en público o en privado que si alguien más lo hiciera lo llevaría a pecar? ¿Qué pasos de obediencia darás para llegar a ser la persona ejemplar que deberías ser? (Repasa Romanos 14:22-23).

8

Personas imposibles

Desde donde estoy sentado, ¡YO SOY el centro del Universo!

Sebastyne Young

Hay una historia, ficticia por cierto, acerca de un hombre que acudió a su pastor y le dijo:

—Mi esposa intenta envenenarme.

El pastor dijo:

—¡No, espere! Yo conozco a su esposa. Ella es una buena mujer. Es imposible que intente envenenarlo.

—¡Pastor, ella intenta envenenarme! —insistió el hombre—. Incluso puedo ver el veneno junto a mi plato. Es una parte de mi esposa que usted no conoce. Le sugiero que hable con ella.

Más tarde, el pastor regresó y dijo al hombre:

—Verá, he pasado tres horas y media hablando con su esposa. Tengo una sugerencia para usted.

—¿Cuál? —preguntó el hombre.

—Tómese el veneno.

Para algunas personas esta historia puede ser muy real. Hay personas que son imposibles en el sentido de que tienen una voluntad tan firme, o una conciencia tan endurecida, o son en extremo egoístas y, aun así, en su mente justifican su enojo y egoísmo. Están dispuestas a destruir a otros por sus propios motivos egoístas. No desean tener una buena conciencia. Peor aún, ¡pueden pensar que ya la tienen!

Las Escrituras nos dicen que en los últimos días, habrá personas que "tienen la conciencia encallecida" (1 Timoteo 4:2, NVI). La versión Dios Habla Hoy dice que tienen la conciencia "marcada con el hierro de sus malas acciones". La palabra que describe esto es *cauterizada.* Es decir, estas personas solo tienen sentimientos por ellas mismas, y no sienten simpatía ni les interesa el bienestar de los demás. Tienen conciencias endurecidas.

Pablo también habla acerca de una conciencia *corrompida.* De hecho, leemos que en algunas personas "hasta su mente y su conciencia están corrompidas" (Tito 1:15). Ya no reconocen la diferencia entre el bien y el mal, y son ciegas a su propia manipulación, maldad y amor egoísta.

Hay otro pasaje del Nuevo Testamento que no menciona la palabra *conciencia,* pero describe la clase de persona a la que me refiero. Así empieza: "También debes saber esto: que en los postreros días vendrán tiempos peligrosos. Porque habrá hombres amadores de sí mismos" (2 Timoteo 3:1-2). Observa que Pablo puso *el amor de sí mismo* encabezando la lista de otros pecados. Luego terminó su lista: "avaros, vanagloriosos, soberbios, blasfemos, desobedientes a los padres, ingratos, impíos, sin afecto natural, implacables, calumniadores, intemperantes, crueles, aborrecedores de lo bueno, traidores, impetuosos, infatuados, amadores de los deleites más que de Dios, que tendrán apariencia de piedad, pero negarán la eficacia de ella; a éstos evita" (vv. 2-5).

¡Vaya descripción!

La palabra "intemperante" me llamó mucho la atención y, más adelante en este capítulo, aprenderemos que hay personas con quienes es imposible razonar. Aun si estás dispuesto a negociar hasta cierto punto (y más), siempre exigirán más. Las necesidades de su ego son desproporcionadas, mientras ellos consideran que sus exigencias desmedidas son razonables y justas. Son incapaces de mostrar simpatía por aquellos a quienes victimizan. En el mundo de hoy, se les llama *narcisistas.*

Después de escribir una larga lista de conductas pecaminosas,

Pablo concluyó diciendo: "Aléjense de tales personas. Evítenlas en la medida de lo posible". ¡Pero, obviamente, a veces no se puede!

La anatomía de un narcisista

Hagamos un viaje por el corazón humano. Será doloroso, porque nuestro sujeto es el *narcisismo*, o el amor de uno mismo. Como vimos hace un momento, este encabeza la lista de una larga lista de pecados. Todos ellos se desprenden del pecado del amor a uno mismo que es desorbitado y absorbente. Se trata de personas cuya conciencia está inactiva, o más precisamente, su conciencia es incapaz de sentir.

Tenemos que admitir que en cierta medida todos somos narcisistas. Todos nos amamos y nos protegemos a nosotros mismos a toda costa. Pero hay un pequeño porcentaje de personas que llevan el amor propio a un extremo tal que se les diagnostica como narcisistas. Este no es un problema que existe "afuera" en el mundo. Hay personas así en las iglesias y, con frecuencia, se encuentran en posiciones de liderazgo cristiano. Por supuesto que existen también como abogados, médicos o trabajadores de fábricas. Y muchas personas respetables se han casado con un narcisista.

Permíteme hacer una aclaración: en este capítulo siempre me referiré a un narcisista con el pronombre *él*, pero existen narcisistas de ambos sexos. Uso el pronombre *él* únicamente para abreviar el texto. Entonces no me malentiendas, también hay mujeres narcisistas.

El origen del término

La palabra *narcicismo* viene de la mitología griega, según la cual Narciso era hijo de un dios. Estaba enamorado de sí mismo y era admirado en gran manera. La historia dice que cuando miró en un estanque de agua, vio su imagen y se enamoró de sí mismo a tal punto que perdió el apetito. En otra versión de la historia, Narciso, que contemplaba su reflejo en el agua, se cayó y se ahogó.

Algunos dicen que fue suicidio al darse cuenta de que la belleza que contemplaba era inalcanzable.

Conclusión: el *narcisismo* puede definirse como una fijación consigo mismo y con la apariencia de uno mismo. En pocas palabras, es un amor propio desmedido y exagerado que, según cree el narcisista, es completamente merecido. Su conciencia es dura e inflexible, y se niega a verse como realmente es.

La exaltación del amor hacia uno mismo

¿Dónde se originó el narcisismo? Surgió cuando Satanás dijo a Adán y Eva: "Serán como Dios". Y esa promesa se cumplió, al menos en parte, porque el hombre fue libre para vivir como le plazca.

Una vez el hombre se convirtió en su propio dios, empezó a jugar su papel. Así como el Dios vivo y verdadero siempre hace lo que es correcto y hace lo que Él quiere (ver Salmos 115:3), el narcisista, a su propio modo distorsionado, cree verdaderamente que lo sabe todo y que posee una perspectiva que nadie más tiene. O eso piensa.

Sabemos que todo existe, con razón, para Dios y para su gloria. Como dicen las Escrituras: "Señor, digno eres de recibir la gloria y la honra y el poder; porque tú creaste todas las cosas, y por tu voluntad existen y fueron creadas" (Apocalipsis 4:11).

Del mismo modo, *el narcisista cree que todo existe para él.*

Permíteme decirlo de esta manera: un narcisista procesa toda la información a través de dos preguntas fundamentales:

> ¿Cómo *me* hace lucir esto?
>
> ¿Cómo *me* hace sentir esto?

Sentirse bien consigo mismo es increíblemente importante para un narcisista y, si otro recibe más reconocimiento que él, se enoja y resiente. Él considera que las demás personas existen para alimentar su ego y, si su ego queda insatisfecho, se vuelve exigente, vengativo y manipulador. Tiene un sentimiento de que debe ser honrado y, si no recibe lo que considera que merece y conviene, se venga.

Los narcisistas sienten que merecen todos los derechos y privilegios. Realmente creen que el mundo les debe algo y, cuando el mundo no se levanta a darles lo que ellos sienten que merecen, usualmente reaccionan con mucho enojo, desilusión y depresión. Están dispuestos a llegar a extremos para "hacer justicia" según les parece, sin importar cuán sesgada esté a su favor.

El narcisista está obsesionado con su propia gloria y con su propia necesidad de reconocimiento. Él puede obsesionarse con su apariencia, sus propios logros exagerados y su propia expectativa de ser reconocido debidamente. Cuando piensa de sí mismo, niega sus defectos y se cuida de proyectar una imagen amable y maravillosa. Pero, con frecuencia, no puede evitar hablar de sus fantasías de éxito y de su estimación pretenciosa de sus propias capacidades.

El narcisista tiene también otras cualidades "de dios". Está obsesionado con tener el control. Para él es muy importante crear o permitir el caos porque es un medio para lograr el control; si puede mantener a todo el mundo en vilo, él se convierte en el centro de atención.

Por ejemplo, su familia tiene que preguntarse siempre qué piensa papá y él nunca lo dice porque quiere que lo perciban como una persona impredecible y dar la impresión misteriosa de ser inescrutable. Al mismo tiempo, sus opiniones son muy importantes para él y espera que los demás respeten sus ideas. Es muy difícil de complacer. Tan pronto sus hijos (o su esposa) piensan que han descubierto la manera de complacerlo, descubren que están equivocados. De la noche a la mañana sus expectativas cambian. Es como patear una pelota desde el campo y, mientras todavía está en el aire, el poste de la portería se mueve más lejos, de modo que nunca se logra marcar un gol.

El narcisista es siempre crítico. Menosprecia a otros para mantener a todos los demás por debajo de él, subordinados a él, de ahí que las faltas ajenas deben quedar expuestas constantemente mientras que las suyas son justificadas, o mejor aún, negadas.

A los narcisistas les resulta casi imposible dar un cumplido sincero. Son reacios a admitir que alguien más pueda tener algo bueno. Y, en la mentalidad del narcisista, cuando otro gana, él pierde. Se resiente cuando otro recibe honra porque él piensa para sí mismo: *Ese debería haber sido yo*. Después de todo, él es un dios; al menos eso es lo que la serpiente dijo a Adán y a Eva en Edén.

Los narcisistas exigen ser el centro de atención. Cuando un narcisista entra en un recinto, ve a todos los demás como una competencia que él debe disminuir. Lo hace mediante críticas o haciendo que su presencia sea notada y apreciada. Cuando habla, probablemente lo hará sobre él mismo y sus logros. Él tiene que ser la novia de cada boda y el cuerpo de cada funeral. ¡Todo gira alrededor de él!

Con razón los narcisistas, los más grandes amadores de sí mismos, tienen cauterizada la conciencia. Son hipersensibles respecto a sus propios sentimientos, pero no tienen sentimientos por aquellos a quienes lastiman. Encuentran la forma de manejar su conciencia, pero principalmente sin simpatía y completamente ensimismados. Cuando tratan mal a alguien, piensan que están siendo mucho más amables de lo que esa persona se merece.

¿Y si te divorcias de un narcisista? Pronto descubrirás que no les interesa la justicia ni la honradez. Dales todo lo que piden y querrán más. Llegarás a darte cuenta de que su verdadera meta no es la justicia, sino denigrarte, culparte de todos sus fracasos y, en síntesis, destruirte.

Repito: los narcisistas son hipersensibles respecto a sus propios sentimientos, pero no sienten compasión alguna por el prójimo.

Narcisismo exagerado

Su propia realidad

¿Cómo es un narcisista? Primero, tiene su propia realidad. Para un narcisista, la verdad es desechable si se interpone entre su ego y sus deseos. Por consiguiente, tergiversa muchas veces la verdad o, simplemente, la ignora por completo.

Justo cuando piensas que has llegado a un acuerdo con un

narcisista acerca de algo, descubres luego que ha torcido la verdad. Lo que tú recuerdas y lo que él recuerda son realidades muy diferentes. Empiezas a preguntarte *¿Estoy loco o él está loco? Pensé que estábamos de acuerdo en esto.*

El narcisista crea su propia realidad y está convencido de que su versión de los hechos es la verdadera historia. Sin importar cuál sea el asunto, siempre son los demás los culpables. Y la verdad es cualquier cosa que él dice que es.

Hemos aprendido que la conciencia de un narcisista está cauterizada al punto de estar, en su mayor parte, muerta e insensible. Por eso no se duele por aquellos a quienes lastima. Si son maltratadores, ni siquiera escuchan el llanto de su hijito que le dice: "No, papi, no me pegues".

Sienten su propio dolor con gran intensidad

Con todo, los narcisistas sienten al mismo tiempo su propio dolor con gran intensidad. Uno de los mejores ejemplos de narcisismo en la Biblia es Caín, cuya historia está registrada en Génesis 4:1-17. Caín mató a su hermano Abel y Dios le dijo: "Vas a ser fugitivo errante en la tierra".

Observa la reacción dolida de Caín: "Y dijo Caín a Jehová: Grande es mi castigo para ser soportado. He aquí me echas hoy de la tierra, y de tu presencia me esconderé, y seré errante y extranjero en la tierra; y sucederá que cualquiera que me hallare, me matará" (vv. 13-14).

Esta fue una interpretación de lástima de sí mismo digna de un Óscar. Caín asesinó a su hermano, ¡y luego se quejó de ser un fugitivo y de la posibilidad de que alguien lo pudiera matar! Pero Dios mostró su gracia para con Caín y puso una marca en él para que nadie le hiciera daño (v. 15).

Un narcisista te apuñala, te deja sangrante junto al camino y se aleja sintiendo lástima de él mismo. De vez en cuando, el narcisista reconoce algo, pero lo minimiza. "Está bien, me equivoqué. Tuve un amorío. Lo siento. ¡Sigamos adelante!". No tiene sentido de la profundidad del dolor que ha causado. No tiene un sentido del daño causado porque lo único que le importa es: "Superemos esto ya, porque sea lo que sea que hice, no es tan grave". El narcisista prefiere negar sus actos de maldad, pero cuando eso resulta imposible, los minimiza.

Juzgan a los demás con mayor dureza que a sí mismos

Los narcisistas ven a las demás personas como completamente malas o buenas según su propia medida sesgada. Un narcisista se casa con una mujer y la adora. Le dirá: "Tú eres la mejor persona del mundo. No puedo creer que haya tenido el privilegio de casarme contigo". *Bla-bla-bla.* Pero esto termina tan pronto ella falla en satisfacer sus expectativas o proveer lo que su ego necesita (y nunca podría, porque el ego de un narcisista es imposible de colmar). A partir de ese momento, en lugar de tratar de resolver la dificultad, el narcisista demoniza a su esposa. Ella es lo peor. Todo lo que ella hace está mal. Como reza el dicho, saca el barco del agua y luego se pregunta por qué no flota.

Como expliqué antes, esta es la razón por la cual la pareja de un narcisista termina descubriendo que ninguna concesión es suficiente en un divorcio. Un esposo con una esposa narcisista puede decir: "Está bien, le daré la casa y todo lo que quiera con tal de que tengamos paz". Pero después descubrirá que tales concesiones nunca serán suficientes porque lo que ella quiere realmente es destruirlo.

Si bien no quiero elaborar demasiado este punto, es importante reconocer que, simplemente, es imposible complacer o razonar con un narcisista. Eso explica la palabra "intemperantes" en 2 Timoteo 3:3. En realidad nunca lo había visto de esa manera, hasta ahora.

¡Los narcisistas son *intemperantes*! Ven el mal que hay en ellos como si perteneciera al otro y por eso mienten, manipulan y usan sus emociones para armar su propia versión de la verdad. No quieren ni necesitan hechos. En su paranoia, imaginan que otros están contra ellos y los persiguen.

Puede que les preguntes: "¿Cuáles son tus hechos?" y ellos respondan: "Simplemente lo sé". ¡Qué personas tan interesantes! No sienten "el peso del pecado" por la misma razón que un cadáver no siente el peso de cien kilos encima.

Viviendo con un narcisista

"A éstos evita", amonestó Pablo en 2 Timoteo 3:5. Es un gran consejo, pero difícil de acatar si estás casado con un narcisista o si tienes parientes narcisistas o si tienes que trabajar con un narcisista. Es muy probable que conozcas a uno porque cerca del diez por ciento de la población es diagnosticada como narcisista[1] (aunque es difícil diagnosticar a los narcisistas, porque nunca acuden a un consejero en busca de ayuda).

En una conferencia que impartí, dos parejas se me acercaron y me contaron que sus hijos se habían casado con narcisistas y se habían divorciado. Después de que una pareja describió a su antigua nuera, yo pregunté:

—¿No detectó su hijo alguna señal de alerta en la relación? ¿No había alguna evidencia de que esta joven era narcisista?

La esposa respondió:

—Sí, la primera noche que vinieron a casa después que él la conoció, él dijo: "Conocí a esta chica tan agradable, pero ella cree que es el centro del universo".

¡Esa debió ser su primera pista!

Sí, era agradable. Quizá era jovial, simpática y muy divertida, como son con frecuencia los narcisistas. De hecho, pueden ser encantadores, con apariencia encantadora y atractiva, y pueden conquistar a otros fácilmente. Las personas en la iglesia podrían pensar que él es el hombre más maravilloso del mundo y envidiar a la mujer que se casó con él. Pero en casa es una historia completamente diferente, donde el narcisista exige que su esposa satisfaga su ego insaciable.

Una de mis hijas es consejera y con frecuencia se encuentra con narcisistas. Ella escribió un ensayo que no ha sido publicado,

1. Véase https://www.bpdcentral.com/faq/personality-disorders.

donde los describe. A continuación presento un resumen de algunas partes. Mi objetivo es armarte de entendimiento acerca de cómo piensan y actúan los narcisistas, para que puedas quizá ayudar a *redimirlos*. Tal vez sus conciencias puedan recuperar la sensibilidad.

He aquí algunos consejos prácticos para manejar o tener buenas relaciones con narcisistas, ya sean parientes o colegas de trabajo.

Escucha su historia

Toma un gran respiro y recuerda que ellos también tienen una historia. Ten paciencia para escucharlos. Es probable que hayan sufrido maltrato o abandono cuando eran pequeños. Puede que hayan crecido en un hogar de alcohólicos y hayan desarrollado un sentido de preservación que se convirtió en narcisismo.

También debemos recordar que, sin importar cuánto mal hagan los narcisistas, en ellos hay mucho más que eso. Son seres humanos creados a imagen de Dios y necesitamos ministrarles y ayudarles tanto como sea posible.

No tengas grandes expectativas

Baja tus expectativas. No te sorprendas cuando un narcisista cambia de repente de ser encantador a cruel. Un narcisista puede parecer feliz y agradable cuando los amigos lo visitan, pero, tan pronto se van, su jovialidad se transforma en enojo, control y crítica, sin razón.

Cuando esto sucede, la sorprendida pareja o el amigo del narcisista puede pensar: *¿Quién es esta persona? ¿Acaso no es el que estaba divirtiéndose con nosotros hace un momento? ¿Cómo es posible que se haya puesto tan furioso tras la partida de los invitados?* Recuerda que los narcisistas no sienten que tengan que *ser* buenos, pero ciertamente les parece que tienen que *verse* bien a toda costa. De modo que si tienes que tratar con un narcisista, no tengas grandes expectativas. Si parece que hay un cambio positivo, no esperes que sea duradero.

Procura guardar tu identidad personal

Vivir con un narcisista es muy difícil porque el estrés de tratar de mantenerlo contento y alimentar constantemente su ego al final tiene un precio. Satisfacer sus expectativas imposibles puede convertirte en un autómata cuyo espíritu y personalidad individuales han sido aplastados. Pero debes ser capaz de preservar tu integridad en medio de la lucha. Una de las mejores formas de hacerlo es rodearte de una comunidad de personas que te animen y te ayuden a crecer. Te recomiendo encontrar una buena iglesia y, especialmente, un buen grupo de personas que oren por ti y contigo para que Dios te conceda la gracia que necesitas.

No cedas a la venganza

He aquí un consejo muy importante si estás sufriendo bajo el acoso constante de un narcisista: *Cuando peque contra ti, no peques igual que él.* Nuestro Señor mismo nos dejó su ejemplo de amor. El apóstol Pedro dijo:

> Cristo padeció por nosotros, dejándonos ejemplo, para que sigáis sus pisadas; el cual no hizo pecado, ni se halló engaño en su boca; quien cuando le maldecían, no respondía con maldición; cuando padecía, no amenazaba, sino encomendaba la causa al que juzga justamente (1 Pedro 2:21-23).

Aprende también la lección de David: cuando su enemigo Saúl arrojó una lanza contra él, David huyó. ¡No sacó la lanza de la pared para lanzarla de vuelta!

Recuerda que los narcisistas pueden cambiar

Hagámonos una pregunta importantísima: ¿puede un narcisista cambiar? Yo creo que sí, porque creo en el poder de Dios para transformar una vida. Nadie debe ser considerado un caso perdido para la misericordia de Dios y su obra por medio del evangelio.

También creo que los narcisistas tienen, en ocasiones, momentos de lucidez. Una noche, en una conferencia, prediqué sobre el narcisismo y al día siguiente una mujer me dijo: "Mi esposo es un narcisista. Luego prosiguió: "Él estuvo aquí anoche y nuestros hijos me miraban como diciendo: 'Adivina de quién habla'.

Su esposo, según contó, era maestro de la Biblia (no te sorprendas, los narcisistas a menudo conocen la Biblia, pero no dejan que su conocimiento los transforme). Y él siempre criticaba los mensajes que escuchaba de otros porque sus estándares eran tan elevados. Entonces le pregunté qué pensaba su esposo del mensaje que había dado aquella noche. Ella dijo que, según tenía memoria, era la primera vez que habían regresado a casa sin que él criticara el mensaje. Al parecer, un rayo de luz entró en su alma esa noche y, al menos por un momento, se vio a sí mismo tal cual era.

Los narcisistas rara vez se ven a sí mismos como son y, de hecho, en eso todos somos iguales. Todos nos ocultamos y mostramos a los demás nuestra mejor cara. Pero hay momentos de claridad cuando Dios en su gracia corre la cortina de nuestros aires de superioridad moral para que nos veamos tal como somos en realidad. Sin esa revelación es imposible que ocurran cambios.

La invitación de Dios para los narcisistas y para todos nosotros

Todos debemos recordar que vivimos en la presencia de un Dios que conoce nuestras inseguridades y temores, un Dios que nos ve de manera tan completa que no hay razón para que huyamos o nos escondamos. Los narcisistas que insisten en monopolizar la atención y en controlar a los demás deben saber que en la presencia de Dios pueden al fin ser tal como son. Dios, nuestro Padre, sabe cómo manejar su ira, sus celos y su insinceridad que tanto niegan.

Por eso creo que el Salmo 139 nos ayuda tanto a facilitar la transformación interior. En la presencia de un Dios que conoce todos nuestros pensamientos y toda nuestra existencia, podemos bajar la guardia y reconocer delante de nosotros mismos y delante de Él lo que somos realmente. A fin de que podamos comprender mejor el alcance del conocimiento de Dios acerca de nosotros y su voluntad de que acudamos a Él, estudiaremos el Salmo 139. Espero que al final del estudio confesemos todo aquello que Él nos revele y recibamos la aceptación que todos anhelamos.

Dios nos conoce profundamente

David empezó diciendo: "Oh, Jehová, tú me has examinado y conocido" (v. 1). Dios sabe todo de antemano acerca de nosotros; cada detalle, tanto presente como futuro, Él lo conoce.

David continuó, "tú has conocido mi sentarme y mi levantarme" (v. 2). ¿Cuántas veces te sentaste y te levantaste ayer? No puedo recordar cuántas veces lo hice yo. Pero Dios sabe el número y Él sabe lo que sucedió ayer. Su conocimiento es exacto y completo.

"Has entendido desde lejos mis pensamientos" (v. 2). Lo que dijo David es: "Antes de que un pensamiento venga siquiera a mi mente, tú ya lo sabes". Dios sabe lo mucho que nos resentimos cuando las personas nos menosprecian, o el hecho de que haya personas más exitosas que nosotros en nuestra propia especialidad, o más hermosas y más talentosas que nosotros. Dios ve esos pensamientos.

Dios también ve cuando fingimos con hipocresía que amamos a otros y les damos la mano cuando en nuestro interior las despreciamos. Él también ve las imágenes que miramos en nuestras computadoras y que luego borramos. Él ve todas esas cosas. Todas están delante de Él.

David prosiguió: "Pues aún no está la palabra en mi lengua, y he aquí, oh Jehová, tú la sabes toda" (v. 4). Antes de que las palabras se formen en nuestra mente y las digamos, Dios ya las conoce. No solo eso, sino que Dios conoce las palabras que nos gustaría decir pero no nos atrevemos a pronunciar en público. Él sabe las palabras que solo se hablan en nuestro corazón.

Si eres un narcisista, recuerda que Dios conoce tus temores. Él sabe lo mucho que temes quedar expuesto en presencia de otros a quienes has querido impresionar toda tu vida. Él conoce toda la vergüenza que intentas ocultar. Él sabe cuán cerrado estás a conocer la verdad acerca de ti mismo. Vienes a la iglesia con los brazos cruzados, con la intención de criticar todo porque, después de todo, no puedes permitir que Dios se te acerque y te muestre tu necesidad de cambio.

Sin embargo, como es cierto para todos nosotros, los planes de Dios no se frustran por nuestra mente cerrada y brazos cruzados. Él nos conoce profundamente, de manera que también podemos ser sinceros cuando venimos a su presencia.

Dios nos conoce eternamente

Nada en absoluto está oculto de Dios. David continuó en los versículos 9-12:

> Si tomare las alas del alba y habitare en el extremo del mar, aun allí me guiará tu mano, y me asirá tu diestra. Si dijere: ciertamente las tinieblas me encubrirán; aun la noche resplandecerá alrededor de mí. Aun las tinieblas no encubren de ti, y la noche resplandece como el día; lo mismo te son las tinieblas que la luz.

A propósito, la mayoría de los crímenes se cometen en la noche porque los criminales usan el escondite de la oscuridad para ocultar sus actos. Pero para Dios todo lo que hacemos es como si lo hiciéramos a pleno día. No hay nada que podamos ocultar.

David expresa luego en un tono más personal e íntimo su alabanza al conocimiento de Dios: "Porque tú formaste mis entrañas; tú me hiciste en el vientre de mi madre" (v. 13). En efecto, lo que decía era: "Tú estabas allí supervisando el ADN que yo tendría al final, y la combinación genética que dio origen a lo que soy".

Fue Dios quien te hizo como eres, diferente a todos los demás. Él estaba allí supervisando tu desarrollo fetal. No hubo errores, ni un solo momento en el que Dios dijera: "¡Ay!" o "No me esperaba eso". ¿Alguna vez se te ha ocurrido que nada se le ocurrió a Dios así nada más? Él te ha conocido por toda la eternidad. Él ya conoce lo que te espera en el futuro. Él no tiene que esperar y ver cómo resulta.

Luego David escribió: "No fue encubierto de ti mi cuerpo, bien que en lo oculto fui formado, y entretejido en lo más profundo de la tierra" (v. 15). Cuando David estaba en el vientre de su madre, Dios estaba allí. El salmista continuó: "Mi embrión vieron tus ojos, y en tu libro estaban escritas todas aquellas cosas que fueron luego formadas, sin faltar una de ellas" (v. 16).

Con razón David luego estalló en alabanza: "¡Cuán preciosos me son, oh Dios, tus pensamientos! ¡Cuán grande es la suma de ellos!" (v. 17).

Con cada ola que llega a la orilla, cambia la yuxtaposición de los granos de arena. Debido a la rapidez con que las olas golpean la playa, los granos de arena se mueven continuamente. Ahora piensa en esto: Dios conoce la longitud y la anchura de cada grano de arena en las costas del mundo conforme cambian de posición. ¡Asombroso!

Dios nos muestra lo que ve

Luego David expresó en términos personales lo que contemplaba: "Examíname, oh Dios, y conoce mi corazón; pruébame y conoce mis pensamientos" (v. 23).

Espera un momento. ¿Se estaba contradiciendo David? Empezó el salmo con una declaración de hecho: "Tú me has examinado y conocido". Pero luego termina diciendo: "Examíname".

Aclaremos esto: si Dios ya lo ha examinado, ¿por qué le pide que lo haga de nuevo? La respuesta es clara. Esto es lo que David dice: "Señor, yo sé que tú conoces todo acerca de mí, pero ahora pido que *me muestres lo que ves*".

Esta es una oración para todos nosotros. Cuando estamos en la presencia de Dios, podemos ser completamente sinceros porque no le estamos diciendo nada que Él no sepa de antemano. Podemos derramar nuestro corazón y pedirle que nos ayude a descubrirnos a nosotros mismos. Podemos decir: "Muéstrame tanto de mi verdadero yo como pueda comprender; muéstrame cómo mi orgullo frena tu gracia. Muéstrame mis temores, mis inseguridades; muéstrame mi enojo, mi espíritu vengativo y mi corazón egoísta. Quita de mí la conciencia cauterizada y reemplázala por un corazón tierno".

Queremos una conciencia que esté libre de cualquier ofensa, una conciencia sensible que pueda sentir el dolor de los demás. No queremos ser catalogados como alguien que "no tiene sentimientos".

Seguros en el conocimiento de que Dios nos conoce, podemos reconocer lo que somos sin temor de ser rechazados o desechados. Esto, a su vez, nos brinda la seguridad para ser honestos con los demás. Podemos dejar caer nuestras máscaras porque tenemos la seguridad de que somos amados y aceptados por el Dios que conoce todos nuestros defectos y, a pesar de todo, nos ama.

Sin importar en qué medida seamos narcisistas, todos podemos participar en un estudio bíblico e invitar a otros a que oren por nosotros. Podemos renunciar a la farsa de nuestra propia perfección y justicia, y ser honestos delante de Dios y de los demás.

Nuestra respuesta a la verdad de Dios

Jesús relató una parábola que ilustra la importancia de la honestidad como un camino al cambio. "Dos hombres subieron al templo a orar: uno era fariseo, y el otro publicano. El fariseo, puesto en pie, oraba consigo mismo de esta manera: Dios, te doy gracias porque no soy como los otros hombres, ladrones, injustos, adúlteros, ni aun como este publicano; ayuno dos veces a la semana, doy diezmos de todo lo que gano" (Lucas 18:10-12).

En otras palabras, el fariseo decía: "Dios, no tengo nada de qué arrepentirme. Ese cobrador de impuestos sí, pero yo no. Estoy en tu presencia como alguien que es ejemplo de prudencia, disciplina y justicia".

Jesús continuó: "Mas el publicano, estando lejos, no quería ni aun alzar los ojos al cielo, sino que se golpeaba el pecho, diciendo: Dios, sé propicio a mí, pecador. Os digo que éste descendió a su casa justificado antes que el otro; porque cualquiera que se enaltece, será humillado; y el que se humilla será enaltecido" (vv. 13-14).

Observa que el cobrador de impuestos dijo: "Dios, ten piedad de mí, pecador. Concédeme la gracia de tu perdón". Él oró con fe, esperando la promesa de Dios de un Redentor que satisfaría las exigencias de su santidad, lo cual es exactamente la razón por la cual murió Jesús en la cruz. Él murió como sacrificio para que todos los que creen en Él puedan ser salvos.

Volvamos un momento a la lista de pecados que citamos al principio del capítulo. Pablo terminó diciendo que los tales "[tienen] apariencia de piedad, pero negarán la eficacia de ella" (2 Timoteo 3:5). Ellos profesaban conocer a Dios, pero no sabían nada de su poder porque nunca habían sido transformados por Él.

¡Jesús quiso enseñarnos que *es más fácil que nos arrepintamos de nuestros pecados que de nuestra actitud farisaica*! Si el narcisista no ve la necesidad de arrepentirse de nada, hay poca esperanza de cambio para su comportamiento. No basta con que se vea como culpable de ciertos pecados; él necesita comprender que es un pecador endurecido que necesita que Dios lo quebrante. El arrepentimiento debe ser más que una experiencia momentánea para nosotros; debe llevar a una dependencia de Dios completa que perdure el resto de nuestra vida.

Hay esperanza para el pecador quebrantado que clama a Dios desesperado porque ha comprendido su pecaminosidad. Pero no hay esperanza para el individuo farisaico que reconoce haberse equivocado, pero no cree que es tan malo como los demás. El fariseísmo es el peor enemigo de la sanidad emocional y espiritual. Este, más que cualquier otro pecado, se interpone en las relaciones que pueden ser satisfactorias.

La gracia no puede entrar por una puerta cerrada.

Medita en la Palabra

Pero él da mayor gracia. Por esto dice: Dios resiste a los soberbios, y da gracia a los humildes. Someteos, pues, a Dios; resistid al diablo, y huirá de vosotros. Acercaos a Dios, y él se acercará a vosotros. Pecadores, limpiad las manos; y vosotros los de doble ánimo, purificad vuestros corazones. Humillaos delante del Señor, y él os exaltará (Santiago 4:6-8, 10).

Reflexiona

¿Estás dispuesto a dedicar tiempo para que Dios te revele las necesidades profundas de tu corazón? ¿Qué cambios crees que necesitas hacer con respecto a tus actitudes? ¿Qué pasos prácticos puedes empezar a dar para que se produzcan esos cambios?

9

Perdonado para siempre

Trae tus pecados y Él los llevará
al desierto del olvido,
y nunca más los verás.
D. L. Moody

El gran reformador Martín Lutero luchó en gran manera con su conciencia. De hecho, por eso se convirtió en monje. Estaba desesperado por calmar su atormentada alma. Experimentó una sensación abrumadora de culpa y desesperanza por sus fracasos.

Siendo monje, renunció a su propia voluntad, durmió en el piso sin una manta y practicó otros actos de sacrificio personal en un intento por mortificar la carne. Llevó a cabo estas disciplinas con gran rigor, e incluyó la confesión de todos sus pecados. A veces pasaba horas en confesión, todo en un esfuerzo por asegurarse de que ningún pecado, por pequeño que fuera, quedara sin confesar. A pesar de todo, su conciencia no dejaba de atormentarlo.

Fue por medio de la lectura de las Escrituras que Lutero al fin logró comprender cuán equivocado estaba. Había pensado que si cumplía con todos los requisitos, entre ellos la confesión minuciosa de todos sus pecados, de alguna manera sería justo delante de Dios. No obstante, Romanos 1:17 llamó su atención: "El justo por la fe vivirá". Conforme seguía leyendo Romanos, se dio cuenta de que la justicia es un don que Dios *da* a los pecadores. Como dice Romanos 4:3: "Creyó Abraham a Dios y le fue contado por justicia".

Día y noche, Lutero meditó y dedujo la conexión entre "el justo vivirá por la fe" y el hecho de que Abraham había recibido la justicia. Él dijo que tan pronto comprendió que la justicia es un don, fue como si hubiera entrado en las puertas del Paraíso. No importaba cuán elevada fuera la medida de Dios (que es la justicia perfecta y absoluta). Mientras Jesús mismo haya alcanzado esa medida y lo haya hecho a favor de Lutero, él era libre. Había sido perdonado. Era justo delante de Dios.

Como dice 2 Corintios 5:21, Dios "al que no conoció pecado, por nosotros lo hizo pecado, para que nosotros fuésemos hechos justicia de Dios en él". Fíjate en esto con atención: Jesús recibió lo que no merecía (nuestro pecado) para que nosotros pudiéramos recibir lo que no merecemos (su justicia). Este fue el gran intercambio. Un autor de himnos lo describió de esta manera:

> Que encubra el sol su resplandor,
> su gloria ha de callar,
> ha muerto Cristo, mi Hacedor,
> por mi pecado expiar.[1]

Dios se ha encargado de todo

Vayamos ahora a Romanos 8, uno de los más grandes capítulos de la Biblia. Si la Biblia fuera un anillo con muchas piedras preciosas diferentes incrustadas en él, la piedra central (es decir, donde iría el diamante) sería el libro de Romanos. Y luego, por supuesto, el punto central sería el capítulo 8 de Romanos.

El apóstol Pablo abrió el capítulo con esta gran declaración: "Ahora pues, ninguna condenación hay para los que están en Cristo Jesús". Y lo cerró con estas asombrosas promesas:

> ¿Quién acusará a los escogidos de Dios? Dios es el que justifica. ¿Quién es el que condenará? Cristo es el que murió; más aun, el que también resucitó, el que ade-

1. Estrofa 4 del himno "Alas! And Did My Savior Bleed?" de Isaac Watts (1707).

> más está a la diestra de Dios, el que también intercede por nosotros. ¿Quién nos separará del amor de Cristo? ¿Tribulación, o angustia, o persecución, o hambre, o desnudez, o peligro, o espada? Como está escrito: Por causa de ti somos muertos todo el tiempo; somos contados como ovejas de matadero. Antes, en todas estas cosas somos más que vencedores por medio de aquel que nos amó. Por lo cual estoy seguro de que ni la muerte, ni la vida, ni ángeles, ni principados, ni potestades, ni lo presente, ni lo por venir, ni lo alto, ni lo profundo, ni ninguna otra cosa creada nos podrá separar del amor de Dios, que es en Cristo Jesús Señor nuestro (vv. 33-39).

Echa un vistazo a la pregunta que formuló Pablo en el versículo 33: "¿Quién acusará a los escogidos de Dios?". Bueno, tal vez seas responsable de ciertas faltas de las que te puedan acusar tu cónyuge, tus colegas de trabajo, o la policía. O quizá tu conciencia puede acusarte de algo. Te recuerda algo que hiciste en el pasado y, como resultado, te sientes culpable. Ese era el reto que enfrentaba Lutero.

En lo que respecta a la culpa, nuestra tendencia es a regodearnos en ella. Y Satanás con gusto nos ayuda en eso. La Biblia dice que él acusa a los santos día y noche. Para él es un trabajo de tiempo completo. Él nos acusa no solo con palabras sino con nuestros sentimientos. Entonces nos sentimos condenados, inferiores, incapaces de agradar a Dios. Incluso puede que sintamos odio por nosotros mismos porque pareciera que somos incapaces de vencer de una vez por todas ciertas tentaciones.

Con todo, sea cual sea la fuente de los cambios, debemos recordar esto: "Dios es el que justifica" (v. 33). Es decir, Él tiene otro veredicto. Si hemos recibido la justicia que Dios nos ofrece por medio de la muerte de Cristo en la cruz, y la hemos recibido por la fe, hemos sido perdonados. Sí, Dios nos ha perdonado y Él ha hecho mucho más que eso.

En Romanos 8, Pablo deja claro que no solo somos perdonados, sino que Dios nos ha declarado legalmente tan justos como Él mismo. Lutero comprendió que nadie llega al cielo a menos que sea tan perfecto como Dios. Y así es. Sencillamente nos resulta imposible alcanzar esa clase de justicia. A menos que, por supuesto, Dios la imparta.

El término bíblico para lo que Dios ha hecho es *justificación*. Es un término legal mediante el cual Dios dice "delante de mis ojos, te declaro perfecto, perdonado, para siempre".

Tal vez ya hayas escuchado esta ilustración antes, pero describe perfectamente lo que estamos tratando aquí y desearía contarla. Imagina que te detienen en la autopista por exceso de velocidad. Apareces en la corte y es evidente que eres culpable. Mereces un castigo. En ese momento el juez, que tiene un buen corazón, se pone de pie, se quita su toga, se para junto a ti, saca su billetera y paga él mismo la multa. Luego regresa a su estrado y dice: "Quedas absuelto. Tu deuda ha sido cancelada. En lo que respecta a la ley, ya no estás bajo condenación porque he pagado la deuda por ti".

Eso es lo que significa fe. Jesucristo, por medio de su muerte en la cruz, pagó tu deuda. Por cuenta de tu pecado, enfrentas la condenación eterna, la separación eterna de Dios. Pero Cristo recibió ese castigo y a cambio nos dio su justicia.

Algunas personas dicen: "La justificación es *como si yo nunca hubiera pecado*". Sí, es eso, pero mucho más. No solo es como si nunca hubieras pecado, sino como si hubieras vivido una vida de obediencia perfecta y absoluta a Dios. Somos salvos únicamente en virtud de la justicia de Dios que nos ha sido impartida.

Lo que significa ser justificado por Dios

Lo que me gustaría hacer en el resto del capítulo es examinar esta idea de la justificación. Tan pronto comprendas cuán sublime es la justificación, probablemente notes que estas verdades cruzan diariamente por tu mente por el resto de tu vida. Rara vez pasa un día en el que yo mismo no recuerde estas grandes verdades de las Escrituras. Estas verdades te ayudarán a experimentar una profunda sensación de libertad de la culpa y de una conciencia afligida.

He aquí cinco breves palabras o frases que ayudan a condensar el significado de la justificación.

1. Es un don gratuito

Es evidente que la justicia de Dios, que nos es impartida, Él nos la tiene que dar como un don gratuito. No podemos obtenerla por nosotros mismos. No podemos ganarla. No podemos añadir nada a ella. Del mismo modo que un billón de bananos nunca producirán una naranja, toda la justicia humana en el mundo nunca puede alcanzar la justicia de Dios. Si hemos de ser declarados justos, tiene que suceder porque lo hemos recibido de Dios. Nuestras obras nada pueden aportar a ello.

¿Te das cuenta de lo que esto significa? Como pecadores, todos estamos condenados delante de Dios. Todos somos injustos. Aun si nunca has cometido un asesinato ni hayas hecho algún acto lamentable, eres injusto, tal como lo es el peor pecador.

Entonces, cuando se trata de perdonar a alguien, a Dios no le resulta más difícil perdonar y aceptar a un pecador mayor que a uno menor. Su perdón te recibe en un estado de injusticia total, sin importar cuán "pequeño" o "grande" parezca tu pecado, y te imparte su justicia perfecta. Gracias a lo que Cristo hizo en la cruz, pasas de ser condenado a ser aceptado. Esto es cierto, por igual, para todos aquellos que han puesto su fe en Cristo, sin importar cuál sea su pasado.

Un prisionero me escribió para confesarme que había abusado sexualmente de cuatro mujeres y había destruido sus vidas. Su pregunta fue: "¿Puedo ser perdonado?". Pues bien, dado que sus actos fueron tan horribles, nuestra primera reacción podría ser "No, vete al infierno adonde perteneces". Pero entonces debemos recordar que el infierno también es el lugar adonde todos pertenecemos. Como dice Romanos 3:10-11: "Como está escrito: No hay justo, ni aun uno… no hay quien busque a Dios".

Retomando la ilustración que mencioné antes en el libro, le escribí a este hombre y le dije: "Imagina que hay dos caminos. Uno que ha sido muy transitado; está despejado y tiene hermosas flores a lado y lado. El otro sendero es un desastre; está lleno de profundos surcos. Es feo y difícil".

"Imagina que cae una gran tormenta que deja una capa de medio metro de nieve. No puedes ver la diferencia entre los dos caminos porque ambos han quedado cubiertos por la nieve".

"Venid luego, dice Jehová, y estemos a cuenta: si vuestros pecados fueren como la grana, como la nieve serán emblanquecidos; si fueren rojos como el carmesí, vendrán a ser como blanca lana" (Isaías 1:18). Dije además al prisionero: "Sí, la justicia de Cristo puede cubrir tus pecados de la misma manera que cubrió los míos". Esa es la buena nueva del evangelio: el perdón de Dios es concedido gratuitamente a todos aquellos que creen. Es un don gratuito. Sin importar cuánto procuremos agradar a Dios por medio de nuestras buenas obras, el saldo nunca terminará a nuestro favor. Sin el don de Dios vamos directo al juicio. Pero gracias a que Jesús pagó el castigo por nuestros pecados, Él puede darnos la justicia de Dios.

2. Es completa

Si has luchado con pecados pasados y has puesto en duda el perdón de Dios, lo que voy a decirte puede servir para liberarte de esa carga. Cuando recibes a Jesús como Salvador, tus pecados son perdonados legalmente; ya sean pasados, presentes o futuros. Esto quiere decir que has sido perdonado *completamente*. Tiene que ser de esa manera y eso es exactamente lo que enseña la Biblia. ¿Cuántos de tus pecados eran futuros cuando Jesucristo murió? Todos ellos, porque no estabas allí hace 2000 años en el momento de su muerte. Cuando Él fue crucificado, murió por pecados que todavía no se habían cometido. Él se adelantó a lo que harías en el futuro y cubrió esos pecados con su ofrenda en la cruz. Hebreos 10:14 dice: "porque con una sola ofrenda hizo perfectos para siempre a los santificados". ¿Te fijaste en la frase "hizo perfectos para siempre"? La palabra "perfeccionar" se refiere aquí a algo que se ha logrado y que está terminado. Es *completo.*

También encontramos esto expresado en Colosenses 2:13-14:

> Y a vosotros, estando muertos en pecados y en la incircuncisión de vuestra carne, os dio vida juntamente con él, perdonándoos todos los pecados, anulando el acta de los decretos que había contra nosotros, que nos era contraria, quitándola de en medio y clavándola en la cruz.

En esos días, cuando crucificaban a alguien, el crimen que había cometido se escribía y exhibía en la parte superior de la cruz. En el caso de Jesús, Pilato escribió: "Este es el Rey de los judíos" (Lucas 23:38). Ese fue su crimen: autodeclararse el Mesías. Eso fue lo que clavaron en la cruz.

Todos nuestros pecados, en sentido figurado, fueron clavados en la cruz. Y Dios dijo: "Voy a ocuparme de esos pecados haciendo que Jesús pague por ellos". Imagina cómo se sintió Lutero cuando comprendió que todos sus pecados ya no le pertenecían a él, sino a Jesús. De nuevo, como dice 2 Corintios 5:21: "Al que no conoció pecado, por nosotros lo hizo pecado, para que nosotros fuésemos hechos justicia de Dios en él".

Si lo único que la salvación logró fue ocuparse de nuestros pecados pasados, entonces nunca tendríamos la certeza de que hemos sido reconciliados verdaderamente con Dios, porque ¿quién sabe lo que pasará mañana, o el día siguiente? Tendrías que confesar cada pecado nuevo que cometes.

Sin embargo, las Escrituras declaran que tu justificación es completa. Es una obra terminada. Eres libre de la carrera interminable de buenas obras que haces con la esperanza de agradar a Dios. Cuando recibiste a Cristo como tu Salvador, tu decisión afectó no solo tus pecados pasados, sino tu eternidad.

Esto nos lleva a una pregunta: ¿Seguimos confesando nuestros pecados a lo largo de la vida? ¡Sí! Después de haber recibido la buena nueva del evangelio, de haber arreglado legalmente el problema de tu pecado desde ahora hasta que estés frente a las puertas del cielo y más allá, sí, tenemos que confesarlos. Es una disciplina que Dios ha establecido para nosotros a fin de que podamos andar en comunión continua con Él. Nuestra salvación está asegurada para siempre; todos nuestros pecados han sido perdonados. Esa es nuestra *posición* delante de Dios. Pero en la *práctica*, todavía pecamos en el día a día. Y esto se interpone en nuestra relación con Dios. Como he subrayado antes, cuando confesamos nuestros actos, debemos al mismo tiempo afirmar lo que es verdad respecto a nuestra posición: que hemos sido declarados justos a los ojos de Dios. De hecho, podemos desconectarnos de la comunión con Dios, pero nuestra situación legal permanece firme.

3. Está garantizada

Recibir la justicia de Jesucristo y aceptarlo como tu Salvador significa que tu destino está garantizado por la eternidad. Como vimos anteriormente, Pablo preguntó en Romanos 8:35: "¿Quién nos separará del amor de Cristo? ¿Tribulación, o angustia, o persecución, o hambre, o desnudez, o peligro, o espada?". Y la rotunda respuesta en los versículos siguientes es que nada nos separará, *¡nada!*

Jesús dijo de sus ovejas: "y yo les doy vida eterna; y no perecerán jamás, ni nadie las arrebatará de mi mano. Mi Padre que me las dio, es mayor que todos, y nadie las puede arrebatar de la mano de mi Padre" (Juan 10:28-29).

Como creyente, tu destino está asegurado. Por eso, en Efesios 2, Pablo escribió que Dios "nos dio vida juntamente con Cristo (por gracia sois salvos), y juntamente con él *nos resucitó, y asimismo nos hizo sentar en los lugares celestiales con Cristo Jesús*" (vv. 5-6). Observa que Pablo escribió "nos resucitó" en tiempo pasado. En Jesús, ya estamos sentados en los lugares celestiales. Es un asunto terminado. Podemos tener la seguridad absoluta de que cuando muramos, *iremos* al cielo.

4. Brinda seguridad personal

Aun después de que Dios te ha perdonado, puede que sigas luchando con sentimientos de culpa. Por ejemplo, considera el ejemplo que he dado antes acerca del conductor que fue detenido por exceso de velocidad. Aunque era el conductor el que había infringido la ley y merecía ser castigado, el juez decidió pagar la sanción, a pesar de que no había cometido falta alguna.

Ahora bien, es posible que el conductor salga de la corte y diga: "Yo sé que era culpable de sobrepasar el límite de velocidad. Aunque el juez me ha perdonado, todavía me siento culpable".

Si es así como te sientes respecto a un suceso del pasado, entonces lo que necesitas es educar tu conciencia, porque ella te está mintiendo. Te está diciendo que eres culpable de algo de lo que Dios ya te ha absuelto. Ahora, es posible que, desde una perspectiva humana, tengas que vivir con las consecuencias de tus faltas (como pagar la multa por exceso de velocidad). Eso es de esperar. Pero ante Dios, es un borrón y cuenta nueva. Has sido perdonado. Si todavía te sientes culpable, necesitas entrenar de nuevo tu conciencia. No confíes en tus pensamientos, porque ellos exclamarán mentiras en su intento por desmoralizarte.

Por ejemplo, hace un tiempo iba de camino a un evento en una iglesia en Michigan donde iba a impartir una enseñanza. Cuando me estacionaba, unos 15 minutos antes del evento, me sentí culpable. Me sentí un fracaso. Sentí el peso del pecado sobre mí. Y empecé a preguntarme: ¿Puedo subir al púlpito sintiéndome tan enojado y, aun así, predicar y hablar sobre la gran belleza del evangelio?

Yo estaba solo en el auto y me dirigí en voz alta al diablo y le dije: "Apártate, Satanás, porque escrito está: '¿quién acusará a los escogidos de Dios? Dios es el que justifica. ¿Quién los condenará? Jesucristo es el que murió. Más aún, el que resucitó y está a la diestra de Dios, e intercede por nosotros'" (Romanos 8:33-34). Y en cuestión de minutos, mi conciencia se ajustó a la verdad de las Escrituras y pude predicar un mensaje similar al que comparto en este capítulo. Un misionero que estaba presente se acercó a mí al final y dijo: "Si hubiera escuchado este mensaje hace veinte años, habría sido liberado de toda la culpa y el conflicto que he experimentado en el campo misionero todos esos años".

Entonces sí, hay ocasiones en las que necesitamos educar a nuestra conciencia para que se ajuste a la Palabra de Dios. Sin embargo, al mismo tiempo debemos evitar reprimir nuestra conciencia. No debemos bloquearla. Pero cuando te sientes culpable por algo que ya te han perdonado, debes decir: "Conciencia, tú realizas una función importante en mi vida, pero en este momento me estás mintiendo. No hay condenación para los que están en Cristo Jesús". Como creyente, ¡eres justo delante de Dios en virtud de la obra de Jesucristo!

5. Somos elegidos

De vuelta a Romanos 8, Pablo escribió: "¿Quién acusará a los escogidos de Dios?" (v. 33). ¿Quiénes son los "escogidos"? Son aquellos a quienes Dios ha apartado desde antes de la fundación del mundo para que sean salvos. Su plan es derrotar las tinieblas y la incredulidad en ellos, y traerlos a la fe salvadora en Jesús.

Tal vez digas: "Eso no me gusta en absoluto. ¿Qué sucede si yo quiero ser salvo pero no estoy entre los escogidos de Dios?". Por eso debemos recordar lo que Jesús dijo en Juan 6:37: "Todo lo que el Padre me da, vendrá a mí; y al que a mí viene, no le echo fuera". Si el Espíritu está obrando en tu corazón y tú vienes a Jesús, entonces puedes estar seguro de que estás entre los elegidos.

He aquí una ilustración que he dado a menudo para explicar la justificación. Hace unos años, hablaba con un hombre que al final murió de SIDA. Su vida era un desastre antes de venir a la fe salvadora en Jesucristo. Durante nuestra conversación, yo le dije: "Roger, imagina que hay dos libros. Uno se titula *La vida y los tiempos de Roger*. Tú lo abres y está lleno de detalles sórdidos acerca de toda clase de pecados y traición. El otro libro se titula *La vida y los tiempos de Jesucristo*. Lo abres y lo único que encuentras es belleza, perfección, todo conforme a las normas divinas. ¡Es un libro hermoso!".

"Cuando viniste a la fe salvadora en Cristo, Dios dijo, de hecho: 'Voy a arrancar todas las páginas de tu libro, Roger, y voy a insertar páginas de Mi libro entre sus cubiertas'. De modo que ahora, cuando abres *La vida y los tiempos de Roger*, no verás más que belleza y santidad. El libro es tan hermoso que aun Dios se deleita en él".

Ese es el evangelio. Eso es lo que hace la justificación. Jesús se lleva tu pecado y, a cambio, te confiere la justicia de Dios.

Me encantan las palabras de este himno:

> El terror de la ley y de Dios
> nada conmigo tiene que ver.
> La obediencia y la sangre de mi Salvador,
> borra mi pecado y ya nadie lo verá.
> Mi nombre, de la palma de sus manos
> la eternidad no borrará.
> Impreso en su corazón permanece,
> en marcas de gracia indeleble.[2]

Si esperas agradar a Dios por medio de tus buenas obras, entonces nunca tendrás la seguridad de la vida eterna. Nunca sabrás si al final has sido lo bastante bueno. Además, como dicen las Escrituras, es imposible para ti alcanzar el cielo en tus propias fuerzas.

Solo cuando confías que Cristo ha hecho todo por ti tendrás la seguridad. Su sacrificio perfecto es para siempre, por toda la eternidad. Nada jamás cambiará esto. Nada te puede separar de Él.

Su perdón es para siempre.

Y tú has sido justificado delante de Dios, para siempre.

---

2. Del himno de AugustusToplady, "A Debtor to Mercy Alone", 1771.

Medita en la Palabra

¿Qué, pues, diremos a esto? Si Dios es por nosotros, ¿quién contra nosotros? El que no escatimó ni a su propio Hijo, sino que lo entregó por todos nosotros, ¿cómo no nos dará también con él todas las cosas? ¿Quién acusará a los escogidos de Dios? Dios es el que justifica. ¿Quién es el que condenará? Cristo es el que murió; más aún, el que también resucitó, el que además está a la diestra de Dios, el que también intercede por nosotros (Romanos 8:31-34).

Reflexiona

¿Hay pecados pasados que ya has confesado al Señor y que te cuesta mucho dejar atrás? ¿Crees verdaderamente que la gracia de Dios ha cubierto esos pecados y que han sido perdonados? Lee Romanos 8:1 y 1 Juan 1:9. ¿Qué certezas puedes reclamar para tu vida conforme a esos pasajes? ¿Estás de acuerdo con que Dios ha perdonado tus pecados una vez y para siempre?

En este capítulo vimos cinco frases que nos ayudan a resumir lo que significa la justificación:

1. Es un don gratuito
2. Es completa
3. Está garantizada
4. Brinda seguridad personal
5. Somos elegidos

¿Cuáles de estas frases hablaron más a tu corazón y por qué?

10

Cuando no basta con disculparse

La razón por la cual muchos todavía viven angustiados, en continua búsqueda y avanzando tan poco, es porque no han llegado al final de sí mismos. Todavía tratamos de dar órdenes, e interferimos con la obra de Dios en nosotros.

A. W. Tozer

¿Cuándo es insuficiente la confesión a Dios? ¿Cuándo es necesario que confesemos nuestras ofensas a otros para que podamos experimentar la libertad emocional que provee una conciencia limpia? Y ¿qué hacer cuando no basta con disculparse?

El título de este capítulo ha sido tomado del libro *When Sorry Isn't Enough*, escrito por mi buen amigo Gary Chapman y su coautora Jennifer Thomas.[1] Empezaré presentando algunas ideas del excelente libro de Chapman. Permíteme advertirte desde ya que no podré contestar todas las preguntas que puedan surgir acerca de situaciones complicadas concernientes a intentos de reconciliación. No obstante, espero ofrecer una guía que pueda aplicarse cuando se busca la sabiduría de Dios.

A medida que examinamos los principios y los ejemplos acerca de cómo restablecer relaciones rotas, debemos avanzar con cuidado y pedir la guía divina. Cada situación es diferente, cada diferencia

1. Gary Chapman y Jennifer Thomas, *When Sorry Isn't Enough* (Chicago: Northfield, 2013).

de opinión tiene su propio contexto y cada herida emocional sana a su propio ritmo.

Hay algunas personas a quienes les resulta demasiado fácil arrepentirse: confiesan sus pecados, pero no reconocen con sinceridad el daño que han causado. Aquellos a quienes han ofendido sienten un dolor profundo en sus corazones, pero el ofensor se conforma con una confesión superficial de la ofensa. Hemos aprendido ya que hay quienes sienten con intensidad las ofensas que sufren, pero son incapaces de identificarse con el sufrimiento de aquellos a quienes han herido.

Tal vez la barrera más común para la reconciliación es el adulterio, una ofensa que rompe el vínculo matrimonial. Es la clase de hombre (o mujer) que miente sistemáticamente acerca de dónde ha estado o con quién está, que manipula a su pareja con culpa, que menoscaba su valor y la maltrata verbalmente. Y al final, cuando ya no puede negar la evidencia, dice: "Está bien, me equivoqué. ¡Lo siento!".

Pero su esposa sabe que no basta con una disculpa. Si ella es sabia, entenderá que una simple confesión no es un fundamento válido para que ocurra una verdadera reconciliación. La sola confesión no significa un borrón y cuenta nueva. La razón es que *cuando se toma el pecado a la ligera, se aborda a la ligera.*

En cierto sentido, es posible afirmar que podemos reconciliarnos con otros mediante la confesión. Pero si minimizamos nuestras transgresiones, si no sentimos el dolor de quienes hemos ofendido, si nos apresuramos a declararnos restaurados, si reprendemos a los demás por no olvidar rápidamente lo que hemos hecho, nuestro intento por reconciliarnos es quizá demasiado superficial.

Como vimos en un capítulo anterior, las tinieblas pueden convertirse en un refugio, un lugar seguro para esconderse cuando tememos quedar expuestos. Abandonados a nuestros propios medios, odiamos la luz de la verdad acerca de nosotros mismos, e incluso podríamos temerle más que a la enfermedad o incluso la muerte. Como hemos aprendido, el yo que presentamos a otros en nuestras relaciones sociales suele ser muy diferente del real. El hecho de exponernos saca a la luz la humillación, la vergüenza y la confianza perdida. Cuando una persona ha sido ofendida y herida, el proceso de reconciliación puede volverse incierto en su final.

Hubo una mujer que, a pesar de haber consultado a muchos consejeros, no lograba vencer su intensa depresión. A pesar de horas de consejería, les había ocultado un hecho. Siendo adolescente, había dado a luz a un bebé, a quien mandó matar para evitar el estigma que viene como consecuencia de exponer públicamente una aventura sexual ilícita. Ella se casó y tuvo hijos, pero prefirió callar su conciencia convenciéndose a sí misma de que Dios la había perdonado y que su esposo no necesitaba conocer su pasado. Sin embargo, es importante observar que su esposo sufría a diario los efectos del pecado reprimido de ella: su enojo, su depresión, sus constantes críticas. Todo porque ella había resuelto que esa parte de su vida jamás fuera revelada.

Pero al final, sintiéndose incapaz de vivir más consigo misma, confesó su oscuro secreto a su pastor y luego a su esposo. Por fortuna, él estuvo dispuesto a perdonarla. Ambos asistieron a consejería y ahora son una pareja en armonía emocional. Y la barrera invisible pero monumental que se había levantado en su relación, se está desmoronando.

No podemos pretender que lo único que necesitamos es el perdón de Dios si existen asuntos pendientes con otras personas. La confesión con Dios es relativamente sencilla; al fin de cuentas, Él sabe todo acerca de nosotros, lo cual nos da la confianza para ser sinceros con Él. Pero reconciliarnos con otros es otra historia muy diferente. Y de eso trata este capítulo.

Jesús nos enseñó a no pasar por alto la importancia de la reconciliación entre dos personas. "Por tanto, si traes tu ofrenda al altar, y allí te acuerdas de que tu hermano tiene algo contra ti, deja allí tu ofrenda delante del altar, y anda, reconcíliate primero con tu hermano, y entonces ven y presenta tu ofrenda" (Mateo 5:23-24). Jesús quiso decir: "Cuando te presentas delante de Dios con una ofrenda, si recuerdas que tienes un conflicto con otro creyente, deja tu sacrificio allí en el altar y ve y reconcíliate con la otra persona. Entonces ven y ofrece tu sacrificio a Dios".

Según las palabras de Jesús, *la reconciliación precede a la adoración*. Así que antes de ir a la iglesia a adorar, asegúrate de estar en paz con otros. Luego ve a la iglesia y canta alabanzas a Dios y presenta tus ofrendas. El problema que te separa de tu prójimo podría también ser una barrera entre Dios y tú. Es cierto que hay algunas personas con quienes es imposible reconciliarse, pero debemos hacer todo lo que esté a nuestro alcance para restaurar las relaciones que estén rotas.

El propósito de este capítulo es llevarnos al punto en el que podemos decir, con el apóstol Pablo: "Y por esto procuro tener siempre una conciencia sin ofensa ante Dios y ante los hombres" (Hechos 24:16). Y si no logro la reconciliación, puedo al menos estar en paz sabiendo que lo intenté.

Principios para la reconciliación

En Mateo 18, Jesús dijo: "Por tanto, si tu hermano peca contra ti, ve y repréndele estando tú y él solos; si te oyere, has ganado a tu hermano. Mas si no te oyere, toma aún contigo a uno o dos, para que en boca de dos o tres testigos conste toda palabra" (vv. 15-16).

Aplicar estos principios puede resultar, con frecuencia, un proceso complicado. Sin embargo, analicemos detalladamente cuáles son nuestras obligaciones, recordando que nuestra meta es glorificar a Dios y tener una conciencia limpia. Empecemos con algunos principios básicos de sentido común.

Los pecados del corazón solo se confiesan a Dios

El primer principio es que los pecados del corazón solo deben confesarse a Dios. ¿No sería este mundo un lugar horrendo si todos dijéramos todo el tiempo lo que pensamos de los demás? ¿Puedes imaginarte lo desastroso que sería? "Juan, ¿sabes qué pensé de ti el miércoles pasado? Déjame contarte lo que me pasó por la mente...". Y entonces Juan te cuenta lo que él pensó de ti aún más detalladamente. Gracias al Señor que la sangre de Jesucristo cubre todo pecado y que no es necesario confesar a otros muchos de nuestros pecados. Esto es, cuando no han resultado en acciones que han erigido una barrera emocional entre nosotros y otra persona.

Pero seamos claros. Si tienes una mala actitud contra alguien, no puedes simplemente decir: "Bueno, es solo en mis pensamientos". Si esa actitud afectó tu relación con una persona, tienes que confesarla porque es más que un pensamiento. Puede que no pienses que tu enojo contra alguien tenga que ser confesado, pero si esa persona ha sentido los efectos de ese enojo, o ha sido víctima de tu actitud y acciones, necesitas reconciliarte con ella por medio de una confesión cara a cara. Es indudable que el secreto para un buen matrimonio es que haya dos personas dispuestas a pedir y recibir perdón en las experiencias cotidianas y a menudo difíciles de la vida. Sin embargo, hay muchos pensamientos privados que no necesitan ver la luz del día.

Los pecados de engaño deben ser confesados

Confesar las faltas a Dios no basta cuando se trata de asuntos de engaño o traición que hemos ocultado en el fondo de nuestro ser. Con frecuencia, después de años de racionalización, una persona por fin confronta un pasado que debió tratarse mucho antes, cuando ocurrió. Hace poco recibí un correo electrónico de una estudiante mía que confesó haber hecho trampa en una clase que enseñé hace treinta y seis años. Ella había usado la investigación de otro estudiante para redactar su trabajo. Confesó su pecado a Dios y sabía que Él la había perdonado, pero no experimentó la restauración total. Entonces hizo lo que muchos hacen: suprimió el problema cada vez más profundo en su corazón. Lo olvidó durante un tiempo, pero luego volvía a resurgir.

Ella escribió: "Mientras leía el libro *Gripped by the Greatness of God* (James MacDonald), fui redargüida y supe que no podía seguir un día más sin afrontar este asunto de una vez por todas. [MacDonald] dijo que 'es tu pecado lo que te impide experimentar la increíble gracia y grandeza de Dios. El pecado aleja tu corazón de la abundante provisión del Señor para ti' (página 120). Esto me dejó estupefacta. Parece que sin importar cuánto me esfuerce últimamente por experimentar la plenitud de Dios en mi vida, sigo luchando. Fue este capítulo lo que me sacudió. Mi desobediencia al impulso del Espíritu Santo de tragarme mi orgullo y enviarle esta carta me miraba directo a los ojos. No podía seguir este día sin arreglar este asunto".

Por supuesto que la perdoné, pero no podía evitar pensar en las muchas personas que ocultan esa clase de secretos en lo profundo de su corazón. Dios los ha perdonado, pero su conciencia sigue diciéndoles que "no todo está bien". Si esto es cierto con respecto a una trampa en un trabajo escolar hace treinta y seis años, sin duda se aplica a los engaños más serios que a menudo ocurren en el matrimonio.

Las adicciones que dañan las relaciones, ya sean conocidas o secretas, deben ser confesadas. Esto incluye drogas, pornografía, robo y demás adicciones similares. Esta clase de pecados secretos afectan las relaciones públicas tanto dentro de la familia como fuera de ella. Los pecados ocultos que esclavizan con frecuencia afectan a todos aquellos a quienes conocemos, afectan nuestras actitudes, alimentan el resentimiento y nos roban el gozo. Las adicciones erigen barreras que interfieren con las relaciones interpersonales significativas y la confianza.

Por supuesto que todo pecado supone un engaño, pero dada la prevalencia de los pecados sexuales, quiero tratar este problema que ocurre con tanta frecuencia en el matrimonio. En la introducción de este libro hablé acerca de un hombre que había engendrado un hijo en sus años universitarios. Este hijo crecía en otra ciudad y ni la esposa del hombre ni sus hijos sabían de su existencia. Este hombre quiere adorar a Dios. Por más que invente razones, la realidad es que no puede tener una relación transparente con su esposa y, por lo tanto, no puede tener una conciencia limpia delante de Dios, a menos que ese secreto sea revelado y quede perdonado.

Él necesita decidir cuidadosamente cuándo y cómo tratar el asunto, pero es indudable que no encontrará gozo en Dios hasta que haya confesado ese asunto a su esposa y, en el momento oportuno, a sus hijos. Su esposa con toda seguridad necesitará ser aconsejada en el tema del perdón, pero si su matrimonio es fuerte, puede sobrevivir al trauma. Y es mejor que su esposa se entere por medio de su esposo y no de su hijo, quien tal vez un día aparezca en la puerta y diga: "Hola… tú eres mi padre". La confesión puede igualmente ayudar a la esposa a entender otros asuntos en su relación matrimonial.

Esta es otra historia de la vida real (con nombres ficticios): Fernando se casa con Ana, quien sostiene un amorío durante los primeros años de su matrimonio. Ella se siente mal por su comportamiento y pone fin a la aventura amorosa. Años después, le dice a Pedro, su antiguo amante, su intención de contarle a su esposo acerca de su infidelidad. Cuando Fernando, su esposo, se enteró del amorío entre ellos, se enojó muchísimo, porque él y Pedro habían sido amigos. Pedro también estaba enojado, *en extremo*, porque Ana lo delató. Se sintió doblemente culpable por haber traicionado tanto a su propia esposa como a su amigo Fernando.

¿Crees que Ana hizo lo correcto? Algunos consejeros dirían que no, porque el amorío tuvo lugar en el pasado. Sin embargo, ¿pueden Ana y su esposo tener una relación transparente y honesta? Lo dudo. Y, de hecho, tampoco Pedro puede tener un matrimonio satisfactorio con su esposa mientras permanezca oculta su infidelidad. Él está enojado con Ana, pero el pecado siempre trae consecuencias inesperadas y ahora tendrá que lidiar con los problemas de su propio matrimonio.

Ana quería tener su conciencia limpia y por eso confesó. Lo interesante es que cuando Ana confesó todo a Fernando, resultó que él también tenía algo oculto para confesarle a ella. Aunque su pecado no era el mismo de Ana, tuvieron que reconstruir su relación desde los dos lados del vínculo matrimonial. Sobrevivieron al proceso de reconciliación y ahora disfrutan de una relación profunda, amorosa y basada en la confianza.

Esta es una carta escrita por una mujer que se reconcilió con su esposo después de cometer adulterio:

> Cometí adulterio. Pensé que tal vez era el diablo el que me acosaba porque ya había confesado muchas veces este pecado al Señor y había recibido perdón. Después de todo, razonaba pensando que Dios no desearía que yo lastimara a mi esposo. Estaba decidida a guardar el secreto y a enfrentarlo en el momento de mi muerte. Luché con la decisión, hasta que entendí que ya no podía ignorarlo más.
>
> La noticia de mi aventura amorosa fue muy dura para [mi esposo], pero cuando la escuchó, me recibió con amor y compasión. Yo me sentí abrumada de gratitud y doy gracias aún porque Dios me ama y también mi esposo. Los días posteriores a mi confesión han sido un desafío; hemos pasado muchas horas juntos hablando y orando.
>
> Por difícil que ha sido esto, estoy agradecida porque Dios no me dejó morir en ese estado pecaminoso. Dios me demostró una vez más su amor. Soy testigo viviente de su gracia sublime, de su tierna misericordia y de su amorosa bondad.

Invita a un tercero a tu confesión

Según convenga, es necesaria la presencia de otros durante el proceso de reconciliación. Jesús dijo en Mateo 18:16 que si acudes a tu hermano y él se niega a reconciliarse, debes ir y buscar a una o dos personas como testigos. Sin embargo, creo que cuando deseas tener una conciencia limpia y buscar la reconciliación, es sabio desde el comienzo tener a alguien presente durante la confesión. Sí, aunque es difícil quitarse el orgullo e invitar a un pastor o consejero a ser testigos del proceso, puede facilitarlo.

Como pastor, he brindado consejo en situaciones semejantes. Por ejemplo, una mujer me pidió estar presente cuando ella tuvo que confesarle a su esposo que su tercer hijo no era de él. Tenía dos opciones: decírselo a su esposo, o sufrir un colapso nervioso, al no soportar más la culpa y el engaño. Su esposo no solo quedó conmocionado, sino pasmado. Mientras caminaban, muchas cosas que había observado pero que él no entendía empezaron a cobrar sentido. Ahora entendía mejor por qué este tercer hijo "parecía no encajar" en la familia. Y aunque la confesión despertó enojo, decepción y amargura, también explicaba muchas cosas acerca de su relación de pareja. Fue un encuentro difícil y, si yo no hubiera estado presente, u otro consejero, el proceso de reconciliación habría podido salirse de las manos.

No me cabe la menor duda de que esta esposa hizo lo correcto. El alma humana no puede soportar la culpa de manera ilimitada. Esto encierra una lección: si dejamos nuestras cuentas claras, no podemos ser responsables de la respuesta de la otra persona. Yo oré para que este esposo encontrara la gracia en su corazón para perdonar a su esposa y para reconstruir su matrimonio, e incluso para confiar en Dios para bendecir a ese tercer hijo. Por desdicha, la pareja terminó divorciándose.

Tal vez te preguntes: "¿Hay ocasiones en las que esos asuntos no deberían confesarse?". La respuesta es *sí*. Por ejemplo, si la relación está demasiado desgastada y frágil, débil y destruida, tal vez sea mejor confesarlo a otra persona, a un pastor o consejero, porque en las relaciones que ya están muy tensas, una confesión puede precipitar su ruptura.

El momento de hacer la confesión es definitivo. Piensa en el hombre que, justo antes de morir, le confiesa a su esposa: "Hace quince años tuve una aventura amorosa con otra mujer y ahora que estoy muriendo, necesito sacar esto de mi corazón para tener una conciencia limpia al entrar en la eternidad". Cuando escuché acerca de lo que había sucedido, me enojé.

Yo le hubiera dicho al hombre agonizante: "¡Ah, muy bien! ¡Qué maravilla! Usted limpia su conciencia antes de morir lanzándole esta revelación a su esposa, quien tiene ahora que procesarla sola por el resto de su vida". Su confesión en el lecho de muerte terminó dejando a su esposa desconsolada por muchos años. Es obvio que este hombre debió confesar su pecado cuando sucedieron los hechos, a fin de que pudieran afrontar juntos la traición. Después de esperar tanto, este hombre agonizante debió más bien hacer su confidencia a un pastor, consejero o amigo de confianza. Todo esto para decir que no deberíamos morir con secretos.

Me gustaría pensar que los matrimonios cristianos cuentan con la fortaleza en su relación para enfrentar cualquier tormenta. Sin embargo, la reconciliación es como un trípode. Se requiere *respeto*, *confianza* y *perdón* para considerar la profundidad de la traición cometida. Debe pedirse y concederse perdón. Y la confianza, cuando se ha resquebrajado, precisa tiempo para subsanar.

La confesión debe ser tan amplia como la ofensa. No es necesario que todo el mundo se entere de tu falta, pero las personas que han sido afectadas por la ofensa sí necesitan saber. De hecho, hay ocasiones cuando, en el caso de un anciano o de otro líder de la iglesia, la confesión debe hacerse delante de toda la iglesia si es un pecado que ha afectado a la congregación.

Hazte la siguiente pregunta: ¿a quién ha afectado mi traición? Entonces ora para que Dios te dé la sabiduría para seguir adelante con el proceso de reconciliación.

Cinco formas de disculparse

Ahora veamos algunas ideas del libro de Gary Chapman y Jennifer Thomas, *When Sorry Isn't Enough*. Quiero mencionar cinco formas de disculparse. A veces, es necesario incluso usar las cinco para pedir un perdón completo.

Manifiesta remordimiento

A veces decir: "Lo siento" es suficiente, especialmente en asuntos menores. "Siento haber derramado el café en tu abrigo". Sospecho que todo esposo ha tenido que decir: "Siento haber olvidado sacar la basura". Puede que una esposa diga: "Siento no haber llegado a tiempo para ayudar con la cena".

La clave está en identificar de manera específica la razón por la cual lo sientes. En segundo lugar, ¡no culpar a otro por tu error!

Además, la persona que recibe la disculpa debe estar dispuesta a decir: "Acepto tu disculpa y te perdono". En los casos cotidianos como los que he descrito, esto debe bastar para subsanar la relación.

Sin embargo, a veces no basta con disculparse. Conozco a un esposo que tomó los ahorros de la pareja e invirtió el dinero en un plan para hacerse rico rápidamente en la Internet y perdió todos sus fondos de pensión. En su caso, decir: "Lo siento; ¡me equivoqué! Sigamos adelante y finjamos que no fue grave", simplemente es inaceptable.

¡Por supuesto que *fue* grave! No es el momento para una disculpa superficial. Esa pareja sin duda sufrió los efectos de la insensatez de él en sus años de jubilación. El esposo que pidió perdón no solo debía considerar cómo lo afectaría a él su pecado, sino también a su esposa. Cuando lastimamos a otros, debemos enfrentar el daño y el dolor que ha causado nuestra traición.

Acepta tu responsabilidad

Un segundo nivel de confesión es decir: "Me equivoqué; acepto mi responsabilidad. Ese no fue un asunto insignificante". Y cuando digas: "Me equivoqué", no añadas: "Pero mira lo que *tú* hiciste". Debes aceptar tu responsabilidad con tanta seriedad que aun si piensas que solo el treinta por ciento es tu culpa, ¡debes considerar ese treinta por ciento como si fuera el cien por ciento! Y si la otra persona no asume su responsabilidad en el asunto, eso queda entre ella y Dios.

Por desdicha, hay personas con quienes es imposible reconciliarse. Es tan tóxica y torcida la forma en que se relacionan, y su realidad es tan ajena a la nuestra, que cuando les confiesas una falta, pueden incluso obligarte a confesar algo que *no* hiciste. Y si no están dispuestas a aceptar sus faltas, es posible que debas resignarte a que no haya verdadera reconciliación. En el mejor de los casos, es posible que haya un trato cortés entre las partes, pero no unidad de mente y de corazón.

Sin embargo, es importante notar que cuando lastimamos a alguien, esa persona deseará que comprendamos cuánto le hemos hecho sufrir. Por eso, una disculpa no es suficiente. Por ejemplo, si has destruido tu matrimonio, tu confesión debe ser profundamente sincera y sentida. En esas situaciones debes estar dispuesto a expresar con claridad el dolor que has causado: "Sé que mis actos causaron este daño y esto y aquello". La otra persona necesita saber que tú comprendes el daño que has causado.

Tienes que reconocer tu falta y la otra persona necesita saber que tú entiendes las consecuencias de tus acciones. Debes decir: "Yo sé que lo que hice estuvo mal. Sé que te lastimé profundamente. Reconozco mis errores, mis faltas y mis pecados. ¿Crees que podrías perdonarme?".

Aceptar la responsabilidad por tus faltas será definitivo para restaurar tu relación.

Procura reparar los daños

La tercera sugerencia que ofrecen los autores de *When Sorry Isn't Enough* es demostrar nuestro dolor preguntando cómo podemos reparar el daño que hemos causado. Hay algunas cosas que no pueden repararse, pero otras sí; por ejemplo, mediante la restitución. Vemos un ejemplo de esto en Lucas 19:1-10, donde leemos acerca de Zaqueo, un fraudulento recaudador de impuestos que trepó a un sicómoro para poder ver a Jesús pasar. Jesús lo vio y dijo: "Zaqueo, date prisa, desciende, porque hoy es necesario que pose yo en tu casa" (v. 5).

Recordarás que en la época de Jesús los cobradores de impuestos tenían una pésima reputación. ¡Digamos que el noventa y nueve por ciento de ellos extendían su mala fama al uno por ciento restante! Mientras Jesús estaba en la casa de Zaqueo, él le confesó sus crímenes y dijo: "He aquí, Señor, la mitad de mis bienes doy a los pobres; y si en algo he defraudado a alguno, se lo devuelvo cuadruplicado" (v. 8). Jesús dijo entonces: "Hoy ha venido la salvación a esta casa" (v. 9). La evidencia del arrepentimiento de Zaqueo fue su compromiso de restituir por el daño que había causado. No tenemos que pagar necesariamente cuatro o cinco veces lo que debemos, pero sí debemos hacer todo lo que esté a nuestro alcance para rectificar la situación.

He aquí otro ejemplo: mi esposa Rebecca y yo conocemos a un hombre a quien llamaré Carlos. Él es un hombre muy sabio. Él se enteró acerca de dos adolescentes de hogares cristianos que fueron expulsados de la escuela por mala conducta y la sospecha de que miraban pornografía. Así que Carlos, con la idea de rescatarlos, invitó a los jóvenes a vivir en su casa.

Cuando llegaron, Carlos les pidió que abrieran sus maletas. Ellos respondieron:

—No podemos abrirlas porque no sabemos dónde está la llave.

—No hay problema — dijo Carlos—. No tengo nada más qué hacer. Puedo esperar aquí mientras buscan la llave.

Al cabo de un rato, Carlos salió de la habitación para contestar el teléfono. Cuando regresó, descubrió que habían encontrado la llave y los jóvenes habían organizado sus cosas. Carlos preguntó:

—Muy bien, chicos, ¿dónde está?

—¿Dónde está qué? —respondieron en tono avergonzado.

Carlos buscó debajo de la cama y allí encontró un montón de revistas de pornografía que habían robado de la tienda local. Entonces Carlos les dijo:

—Esto es lo que vamos a hacer. Vamos a quemar este material. Pero antes de hacerlo, vamos a recolectar el dinero que costaban estas revistas. (En total eran unos 250 dólares).

Luego Carlos asignó trabajos a los jóvenes para que ganaran suficiente dinero para pagar el costo de las revistas robadas. Dentro del plazo establecido, lograron recaudar el dinero. Así que los tres fueron a la tienda para devolver el dinero al propietario. Los jóvenes dijeron:

—Este es el dinero para pagar las revistas de pornografía que robamos de su tienda.

Al propietario le remordió la conciencia y Carlos le preguntó:

—¿Realmente quiere corromper chicos de esa manera?

Él respondió:

—No. Aun mi esposa me dijo que no debería vender esos productos. No voy a venderlos más.

Eso es extraordinario. Además, esos dos jóvenes ahora sirven a Dios en un ministerio cristiano. Estar dispuestos a pagar lo que debían es una forma de entrenar nuestra conciencia a sopesar la gravedad de nuestras ofensas.

Cuando se trata de restitución, a veces el dinero no es la respuesta. Hay otras formas posibles de restituir, como pasar tiempo con una persona, o llevar a cabo actos de bondad y sacrificio. De esa manera, afirmamos nuestro deseo de admitir nuestro error y la seriedad de nuestro intento por reparar el daño.

Decide cambiar

Una cuarta estrategia para demostrar sinceridad en nuestra intención de lograr la restauración es decir: "Quiero cambiar". Esto expresa arrepentimiento y la voluntad de rendir cuentas. Una vez recibí una carta en la que una mujer escribió: "Mi esposo empezó a intercambiar mensajes de texto con otra mujer que, según él, le parecía interesante e inteligente. Durante meses no supe más del asunto. Cuando le pregunté al respecto, me dijo que no era importante. Pero ¿qué puedo hacer ahora que se ha roto la confianza?".

Como sucede por costumbre, este hombre restó importancia a su vínculo con la otra mujer a quien consideraba "interesante". Quería que su esposa creyera que era un asunto sin importancia. Pero siempre que un miembro de la pareja entrega una parte de su corazón a otro, esto afecta la intimidad de la relación matrimonial. En este caso, convendría que la esposa insistiera en que su esposo asuma las consecuencias de la aventura emocional, que es casi tan doloroso como el adulterio físico. Ella podría pedirle que le rinda cuentas a una persona de confianza de él y, si rehúsa hacerlo, debe revelar su falta a un consejero o pastor que pueda mediar en la disputa. En resumidas cuentas, ella tenía que dejar claro que no pueden progresar en su relación matrimonial hasta que esta grieta en la confianza haya sanado. Y si él no puede sentir el dolor de su esposa, es imposible que sean restaurados plenamente.

Cuando ofendes a alguien y se ha perdido la confianza, debes demostrar que estás decidido a cambiar. Pedir perdón sin tener la intención de cambiar carece por completo de sentido. La reconciliación exige que el futuro sea diferente al pasado. Sin cambio, el ciclo sencillamente seguirá repitiéndose. Antes de que puedas avanzar, debes comprometerte a un plan para que haya un verdadero cambio.

Pide perdón

Antes de que suceda la reconciliación es preciso pedir perdón. Cuando se ha cometido una falta, tienes que decir: "¿Puedes perdonarme por lo que he hecho?". Siempre que sea posible, es muy importante que la persona a la que has ofendido pueda decir: "Sí, te perdono". Pedir y conceder perdón es esencial para mantener las relaciones.

Sin embargo, es posible que la otra persona no pueda perdonarte. Tal vez diga: "No, no puedo. La herida es demasiado profunda" o: "Necesito más tiempo". Cualquiera sea la respuesta, es determinante que busques el perdón que necesitas para la reconciliación.

Una mujer acudió a mí en busca de consejo después de que su esposo la dejó para casarse con otra, abandonándola a ella y a sus hijos. Cuando los hijos tenían una presentación en una obra escolar, el esposo, que se había vuelto a casar, le escribió a su exesposa para preguntarle si podían asistir juntos al evento para apoyar a sus hijos. Él escribió: "¿Por qué no ser amigos y ya? ¿Podemos ir a la obra juntos por el bien de los niños? Yo iré con mi nueva esposa, pero ¿por qué no asistir los tres? Dejemos el pasado atrás".

Su exesposa me pidió ayuda para escribirle una carta. Yo le sugerí escribir algo similar a esto: "Tu exesposa quiere exactamente lo que tú quieres. También quisiera poder salir y dejar el pasado atrás, pero no puedes actuar como si nada hubiera sucedido. Ella no va a estar allí fingiendo que hay reconciliación cuando ni siquiera te has disculpado. Has destruido nuestro matrimonio, has sometido a tus hijos a un dolor insoportable y ahora, sin arrepentimiento alguno ni comprensión alguna del daño que has causado, quieres así nada más fingir que todo está bien y dejar el pasado atrás".

Algunas personas que causan daños incalculables a otros, consideran sus faltas como un simple tropiezo en el camino de la vida. Creen que cuanto más pronto superen los demás lo sucedido, más pronto se puede avanzar. En todo ello, actúan como si no hubieran causado daño alguno. En esta tierra de fantasía, el responsable se ve a sí mismo como alguien cuyas acciones son justificadas por completo y da por hecho que no necesita pedir perdón ni reconocer falta alguna.

Siempre vas a encontrar esas personas que rehúsan ver su maldad como algo más que un error superficial; no sienten dolor aparte del suyo propio. En el mejor de los casos, creen que decir: "Lo siento" es suficiente, pero son incapaces de aceptar las promesas rotas, la traición y el sufrimiento que sus palabras y acciones han causado.

Cómo poner en práctica los principios

¿No te parece maravilloso saber que Dios es un Dios redentor? Él sabe todo sobre nosotros, incluso los detalles de nuestros pecados y, aun así, nos invita a venir a Él y recibir su perdón para siempre. Y a medida que conocemos mejor lo que somos nosotros mismos y nuestra inclinación a pecar, debemos extender a otros la misma gracia que recibimos en Jesucristo nuestro Señor.

Cuando ha tenido lugar la reconciliación con otros y se ha extendido el perdón, no debe sacarse más a relucir ni discutir el hecho cuando ocurren crisis en la relación. No vuelvas a contar lo que ha sido perdonado. Un hombre que cometió adulterio me dijo que aunque su esposa lo había perdonado, siempre que tenían una discusión, ella "le restregaba" su pasado sucio.

Es poco lo que puede hacerse con alguien que dice que te perdona pero en realidad se niega a hacer realidad ese perdón. En esos casos, el ofensor debe simplemente vivir con la realidad de que Dios lo ha perdonado, que Dios lo sabe todo y entiende. Debemos hacer todo lo posible para que la reconciliación tenga lugar y debemos aceptar el hecho de que, por una u otra razón, nuestros esfuerzos no siempre son exitosos.

Entre tanto, podemos regocijarnos en saber que Dios no "nos restriega nuestro pasado". De hecho, las manchas de nuestro pasado han sido quitadas de su vista. Puede que tus pecados aún estén presentes en tu mente, ¡pero no en la de Él! Él dice: "Yo deshice como una nube tus rebeliones, y como niebla tus pecados" (Isaías 44:22).

En su libro, Gary Chapman cuenta una tierna historia acerca de una época durante la cual su nietecita lo visitaba. Ella preguntó si podían darle unas pegatinas, y su abuela le dijo: "Sí, puedes tener cualquier pegatina, pero solo tres".

La niñita fue al cajón donde se guardaban las pegatinas y, al cabo de un rato, había pegatinas por toda la casa. Entonces la esposa de Gary buscó a su nieta y le dijo: "Te dije que solo podías tomar tres pegatinas. Desobedeciste a tu abuela". La niñita empezó a llorar y dijo: "Necesito a alguien que me perdone".[2]

Tú y yo necesitamos a alguien que nos perdone. Gracias a Dios que Jesucristo es ese Alguien a quien Él envió para perdonarnos y limpiarnos de toda maldad. Ahora, con su ayuda, debemos aprender a perdonar a otros. Cerciorémonos de que los retos de reconciliarnos con otros nos acerquen más a Dios, en vez de alejarnos de Él.

A veces debemos arriesgarlo todo, especialmente nuestra reputación, para que haya reconciliación. Debemos decir: "Por el bien de mi conciencia y por el Señor, me haré cargo de mi parte del proceso de reconciliación, sin importar cuánto me cueste". Tal vez debas buscar el consejo de alguien a quien respetas para obtener la ayuda que necesites a lo largo del proceso de reconciliación. Bienaventurados son los que tiene una conciencia libre de cualquier ofensa delante de Dios y de los hombres.

Que podamos decir junto con el apóstol Pablo: "nuestra gloria

2. Chapman y Thomas, *When Sorry Isn't Enough*, p. 150.

es esta: el testimonio de nuestra conciencia, que con sencillez y sinceridad de Dios, no con sabiduría humana, sino con la gracia de Dios, nos hemos conducido en el mundo, y mucho más con vosotros" (2 Corintios 1:12).

Medita en la Palabra

Hace muchos años en nuestro matrimonio, mi esposa Rebecca y yo acordamos que procuraríamos vivir conforme a este versículo. Memorízalo y confía en que Dios lo traiga con frecuencia a tu mente:

> Sed más bien amables unos con otros, misericordiosos, perdonándoos unos a otros, así como también Dios os perdonó en Cristo (Efesios 4:32, LBLA).

Reflexiona

¿Recuerdas un asunto que has confesado a Dios, pero en tu corazón sabes que también debes confesar a la persona que has ofendido? Si llegaras a ser confrontado con la realidad de una muerte inminente, ¿con quién desearías hablar para dejar todo arreglado? Pide a Dios que te dé la gracia para hacer esa confesión ahora. Si necesitas guía, acude a un amigo de confianza o a tu pastor. ¿Cuánto te costará arreglarte con Dios y con *los demás*?

11

Una conciencia limpia: Cómo influir en una cultura hostil

La conciencia es la voz del alma.

PROVERBIO POLACO

Es una tragedia que la mayoría de los cristianos no testifiquen a otros de su fe en Cristo. Podríamos pensar que esto se debe a que no saben cómo hablar de su fe, o tal vez porque temen no poder responder a las objeciones. Pensamos que si sólo enseñáramos más cursos acerca de cómo evangelizar, o entrenáramos a los creyentes a responder a quienes se oponen al cristianismo, ellos estarían más dispuestos a iniciar una conversación espiritual.

Hay cierta verdad en esas observaciones. Sin embargo, y creo que al menos un sondeo que he leído lo confirma, la otra razón por la que muchos cristianos guardan silencio es porque tienen una conciencia que los acusa. Puesto que su corazón los condena, ellos piensan: *¿Cómo puedo compartir las buenas nuevas del evangelio cuando yo mismo sufro a causa de mi pecado que no he vencido? Mi vida como cristiano es difícilmente un modelo que otros esperarían de alguien que asegura ser seguidor de Jesucristo.*

A veces, todos hemos sentido que debido a nuestras luchas pasadas (o presentes) con pecados que se repiten, somos indignos de compartir el evangelio con otros. Cuando escuchamos las voces interiores de condenación, quedamos reducidos al silencio y nos quedamos esperando que algún día nuestra experiencia concuerde con nuestra teología y que por fin podamos comunicar nuestra fe a otros con confianza e integridad.

Al comienzo de este libro miramos 1 Juan 3:21: "Amados, si nuestro corazón no nos reprende, confianza tenemos en Dios". Un corazón que se siente condenado no puede tener confianza delante de Dios. Y si no tenemos confianza delante de Dios, no podemos testificar con libertad y seguridad.

Mi esperanza es que este libro deje claro que nuestra conciencia no tiene que tener la última palabra. Cristo no solo nos limpia sino que también renueva nuestra vida interior. Sí, podemos vivir y hablar con confianza delante de Dios.

Una buena conciencia nos libera

El apóstol Pablo relaciona una buena conciencia con nuestra disposición a defender nuestra fe incluso frente a la persecución. La creciente oposición al cristianismo que se vive en los Estados Unidos y en otros lugares del mundo no es algo nuevo. En la época de Pedro, adorar al emperador era una obligación civil, pero él creía que si las personas tenían una conciencia limpia, podían resistir, con respeto, la presión, y además cumplir con las exigencias culturales.

Analicemos este pasaje:

> Mas también si alguna cosa padecéis por causa de la justicia, bienaventurados sois. Por tanto, no os amedrentéis por temor de ellos, ni os conturbéis, sino santificad a Dios el Señor en vuestros corazones, y estad siempre preparados para presentar defensa con mansedumbre y reverencia ante todo el que os demande razón de la esperanza que hay en vosotros; *teniendo buena conciencia*, para que en lo que murmuran de vosotros como de malhechores, sean avergonzados los que calumnian vuestra buena conducta en Cristo. Porque mejor es que

> padezcáis haciendo el bien, si la voluntad de Dios así lo quiere, que haciendo el mal (1 Pedro 3:14-17).

Piensa en lo que dice Pedro.

Primero, él da por hecho que los creyentes viven de un modo diferente a las personas del mundo que los rodea. La razón, por supuesto, es que han sido redimidos por Cristo, han recibido una nueva naturaleza y han decidido mantener su conciencia limpia. El deseo de mantener una buena conciencia supone que no desean aceptar ni participar en los valores del mundo. Así, por ejemplo, se abstienen de chismosear en la oficina o de participar en actividades turbias. Demuestran bondad y amabilidad, y se sacrifican para "[hacer] el bien...[buscar] la paz, y [seguirla]" (v. 11).

Stuart Briscoe cuenta que cuando era estudiante universitario, trabajaba para un banco en Inglaterra que era administrado por un hombre deshonesto que le propuso engañar a sus clientes. Sin embargo, Stuart le dijo: "Si usted quiere que yo robe *para* usted, ¿qué le hace pensar que yo mismo no robe algo *de* usted?". Este es un ejemplo de un hombre que se cuidó de guardar su conciencia limpia.

Segundo, Pedro enseñó a quienes tienen una buena conciencia que estén preparados para "presentar defensa con mansedumbre y reverencia ante todo el que [les] demande razón de la esperanza que hay en [ellos]" (v. 15). Además, Pedro dijo que los antagonistas del mundo que denigran de los creyentes deben ser avergonzados por la conducta ejemplar de ellos al vivir conforme a unos valores diferentes. Dios usará tu integridad, amabilidad y humildad para traer convicción al mundo. En palabras de Pedro, "para que en lo que murmuran de vosotros como de malhechores, sean avergonzados los que calumnian vuestra buena conducta en Cristo" (v. 16).

Una buena conciencia nos da la libertad para hacer lo correcto a pesar de las presiones y las expectativas de una cultura que se ha vuelto enemiga de Dios.

Un nuevo comienzo

Tal vez hayas pasado por temporadas durante las cuales no has hablado a otros de tu fe porque escuchas la voz interior de culpa y eres consciente de que no representas muy bien al Señor. No querías manchar su reputación contando a otros que tú eras uno de sus seguidores cuando, al mismo tiempo, vivías bajo la sombra de una conciencia acusadora.

Mi oración es que gracias a lo que has aprendido en este libro, ya no escuches más esas voces que buscan condenarte. Si tu conciencia ha estado fastidiándote y callándote, oro para que ahora vivas sin recaer en viejos hábitos y llegues a ser un mejor testigo de la obra salvadora de Cristo.

Si en el pasado has fallado a otros, háblales a solas y pídeles perdón. Reconoce que como seguidor de Cristo no lo has representado tan bien como deberías. Confiesa humildemente que aunque todavía tienes luchas, sigues siendo un cristiano. Luego comparte tu testimonio. Las personas detestan la hipocresía, pero reciben de buena gana la sinceridad de una persona que ha fallado y está dispuesta a reconocerlo.

Creo que como representantes de Cristo tenemos una gran oportunidad para influir en nuestra cultura y, más aún, cambiar la dirección espiritual de quienes están en nuestro círculo de influencia. Piensa en el privilegio de vivir en una época en la que millones de personas buscan su camino en medio de una tormenta de opciones religiosas. Muchas personas están buscando la plenitud, y nosotros tenemos el privilegio de guiarlos en la dirección correcta en su búsqueda espiritual. Recuerda que muchas personas viven su vida entera tratando de reprimir la voz de su conciencia. Como creyente, tú tienes la respuesta para que las personas tengan una conciencia limpia.

Estoy convencido de que si hemos de ver multitudes volviéndose a Dios, no será gracias a grandes campañas evangelísticas, ni al uso estratégico de la Internet, las películas religiosas o los programas de televisión. Si vemos un gran avivamiento en el cristianismo, será gracias a creyentes que asumen su responsabilidad individual, que comunican a otros su fe y viven conforme al evangelio en sus hogares, vecindarios y lugares de trabajo. Creyentes como tú.

Nuestro reto en la actualidad es igual al de los cristianos de la iglesia primitiva, que vivían en una cultura impulsada por un ferviente compromiso con un culto falso. En la cultura y el pensamiento romanos prevalecía la adoración al emperador, junto con la adoración a una multitud de dioses y diosas. Los pueblos paganos estaban dispuestos a añadir a Jesús a la larga lista de dioses que podían adorarse. Lo que no soportaban era la idea de que hubiera un solo Dios verdadero y que Él dijera que todos los demás rivales eran ídolos sin valor. En otras palabras, los paganos decían que Jesús podía ser un dios, pero se ofendían con la enseñanza de que Él es Rey de reyes y Señor de señores.

Hoy día, Pablo nos diría: "Vive con una conciencia limpia. No temas. ¡Defiende a Cristo con mansedumbre y respeto!".

Estas palabras son tan relevantes para nosotros hoy como lo fueron para los creyentes del primer siglo. Sí, debemos cuestionar el clima religioso de nuestro tiempo, pero debemos hacerlo con humildad, respeto y conocimiento que nos prepare para dar razón de nuestra esperanza.

¿Cómo testificamos entonces de nuestra fe?

No más silencio

Una buena conciencia nos permitirá poner límites, aun si eso nos cuesta mucho. Recibiremos la gracia para vivir según nuestras convicciones, sin importar cuán difícil se vuelva. Ni por un segundo subestimo las presiones que algunas personas tienen que soportar para mantener su testimonio. De hecho, cuando escucho historias acerca de lo que enfrentan los creyentes en otros países, tengo que cuestionarme si yo sería capaz de enfrentar una oposición política o religiosa similar.

Hace pocos años hablé con un pastor que vive en Alemania del este. Hasta el año 1989, la zona en la que vivía estuvo bajo el control ruso. Él me contó cómo el comunismo había enseñado a los cristianos a callar sus creencias. Quienes profesaban su fe e iban a la iglesia eran marginalizados mediante la intimidación y la humillación. Al padre o a la madre podían decirle: "Sé que asiste a la iglesia. Pues bien, a menos que deje de asistir, a sus hijos se les prohibirá asistir a la escuela y usted no recibirá ascensos en el trabajo". Debido a tanta presión, muchos cristianos se quedaron callados. Su fe se limitó a su vida privada y no pasó a la siguiente generación. Es triste que aún en la actualidad, solo el trece por ciento de la población asiste a la iglesia.

Pedro dejó estas palabras a quienes sufrían persecución:

> Amados, no os sorprendáis del fuego de prueba que os ha sobrevenido, como si alguna cosa extraña os aconteciese, sino gozaos por cuanto sois participantes de los padecimientos de Cristo, para que también en la revelación de su gloria os gocéis con gran alegría. Si sois vituperados por el nombre de Cristo, sois bienaventurados, porque el glorioso Espíritu de Dios reposa sobre vosotros... De modo que los que padecen según la voluntad de Dios, encomienden sus almas al fiel Creador, y hagan el bien (1 Pedro 4:12-14, 19).

Cuando el apóstol Pablo estaba defendiendo su ministerio, fue su conciencia limpia lo que le permitió testificar con valentía: "Porque nuestra gloria es esta: *el testimonio de nuestra conciencia*, que con sencillez y sinceridad de Dios, no con sabiduría humana, sino con la gracia de Dios, nos hemos conducido en el mundo, y mucho más con vosotros" (2 Corintios 1:12). La conciencia limpia de Pablo fue el fundamento de su valor. Sin eso, no hubiera podido comunicar el evangelio con integridad y gracia.

Propongámonos que no seremos más silenciados. Debemos evitar ser odiosos, pero al mismo tiempo no debemos cerrar nuestra boca. He descubierto que la mejor forma de compartir mi fe es hacer preguntas, tratar de descubrir en qué va la búsqueda espiritual de cada persona. Invito a conversar y dedico tiempo a entender lo que otros piensan acerca de Dios, de la religión y de Jesús en particular.

¿Cómo hacer esto? He aquí algunas preguntas que he usado para iniciar una conversación espiritual:

- ¿Cómo va tu búsqueda espiritual?
- ¿Has considerado seriamente lo que dice la Biblia?
- ¿Cuál es tu percepción de Dios?
- ¿Cuál ha sido tu experiencia, si tienes alguna, con el cristianismo?
- ¿Te importaría si comparto contigo algo que me contaron alguna vez y que cambió mi vida?
- Me gustaría mucho orar por ti. ¿Hay algo por lo que te gustaría que orara en las próximas dos semanas?

Por supuesto que se te pueden ocurrir otras preguntas. Pero evita dar un discurso acerca de Cristo sin antes tomar tiempo para enterarte amablemente de la experiencia espiritual de las personas. Sigue el ejemplo de Jesús, quien solía empezar los diálogos formulando preguntas.

Muchos cristianos se sienten intimidados frente al prospecto de compartir su fe porque temen que no sabrán cómo responder las preguntas de la gente. Sin embargo, en el ambiente espiritual de la actualidad, saber escuchar es más importante que ser un buen hablador. Las personas quieren ser escuchadas. Y escuchar lo que dicen y cómo se sienten es el primer paso para construir un puente que lleve a sus corazones.

¿Qué pasa si encuentras reacciones hostiles? Hazte amigo de la persona para entender por qué está molesta. ¿Qué le decepciona o molesta acerca del cristianismo? Muchas personas tienen, humanamente hablando, buenas razones para tratar a los creyentes con escepticismo y desconfianza. La amistad verdadera sigue siendo el mejor método de evangelismo. Una razón por la cual los creyentes de la iglesia primitiva eran tan exitosos en atraer personas a Cristo es porque practicaban el arte de la hospitalidad. Su amabilidad lograba atraer a las personas a su alrededor.

Yo acostumbro ofrecer a un amigo o colega no cristiano un libro que me parece que pueden disfrutar, y luego les digo que me gustaría hablar sobre el libro con ellos en las semanas siguientes. El libro mismo puede centrarse o no en el evangelio. Lo importante es que el libro abra la puerta para el diálogo posterior. Otros libros podrán seguir.

Sé paciente, amable, honesto, humilde. Recuerda que las personas del mundo temen quedar expuestas. No quieren ser confrontadas con lo que son realmente. Como aprendimos anteriormente, harán todo lo que esté a su alcance para verse mejor de lo que su conciencia les dice que son. Nuestra franqueza acerca de quiénes somos les dará licencia para ser francos acerca de lo que son. El Espíritu Santo obra por medio de la conciencia para revelar a las personas su necesidad.

Dios no nos hará responsables de la incredulidad de las personas frente al evangelio, sino de nuestro deber de compartirlo. Nuestra responsabilidad es sembrar la semilla. Solo Él puede preparar el terreno del corazón humano para recibirlo. Solo Él puede otorgar la fe que se necesita para creer.

Que nuestro testimonio sea como el del apóstol Pablo:

> Por lo cual, teniendo nosotros este ministerio según la misericordia que hemos recibido, no desmayamos. Antes bien renunciamos a lo oculto y vergonzoso, no andando con astucia, ni adulterando la palabra de Dios, sino por la manifestación de la verdad *recomendándonos a toda conciencia humana delante de Dios* (2 Corintios 4:1-2).
>
> Pues el propósito de este mandamiento es el amor nacido de corazón limpio, y de *buena conciencia*, y de fe no fingida (1 Timoteo 1:5).

Ahora que Dios nos ha dado una conciencia limpia, somos libres para comunicar las buenas nuevas de que hay más gracia en el corazón de Dios que pecado en nuestro pasado. Como un cliente satisfecho que habla a otro, no nos recomendamos a nosotros mismos sino a Aquel que en su gracia y amor nos guía en nuestro camino hacia una vida íntegra.

Medita en la Palabra

Mas también si alguna cosa padecéis por causa de la justicia, bienaventurados sois. Por tanto, no os amedrentéis por temor de ellos, ni os conturbéis, sino santificad a Dios el Señor en vuestros corazones, y estad siempre preparados para presentar defensa con mansedumbre y reverencia ante todo el que os demande razón de la esperanza que hay en vosotros; teniendo buena conciencia, para que en lo que murmuran de vosotros como de malhechores, sean avergonzados los que calumnian vuestra buena conducta en Cristo. Porque mejor es que padezcáis haciendo el bien, si la voluntad de Dios así lo quiere, que haciendo el mal (1 Pedro 3:14-17).

Reflexiona

¿Cuál es tu principal desafío a la hora de testificar acerca del poder del evangelio?

¿Recuerdas momentos en los que tu afligida conciencia te impidió contar a otros acerca del perdón y la gracia de Dios? ¿Estás dispuesto a descubrir el motivo de tu indecisión y pedir a Dios que intervenga en ese aspecto de tu vida? ¿Estás decidido ahora a guardar tu conciencia limpia teniendo "cuentas saldadas" con Dios y con tu prójimo?

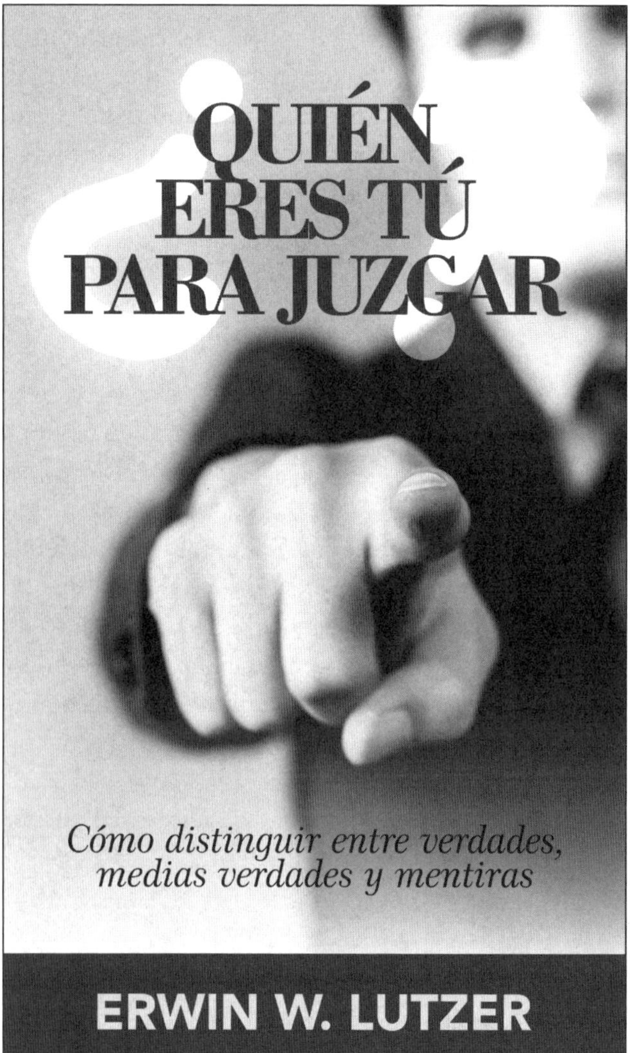

Un libro que trata acerca del discernimiento, la capacidad para distinguir entre lo falso y lo verdadero, o mejor todavía, para diferenciar la verdad de la verdad a medias. El autor nos invita a explorar cómo distinguir entre verdades y mentiras, cómo juzgar a los falsos profetas y las apariencias. Dr. Erwin W. Lutzer es pastor principal de la histórica Iglesia Moody en Chicago.

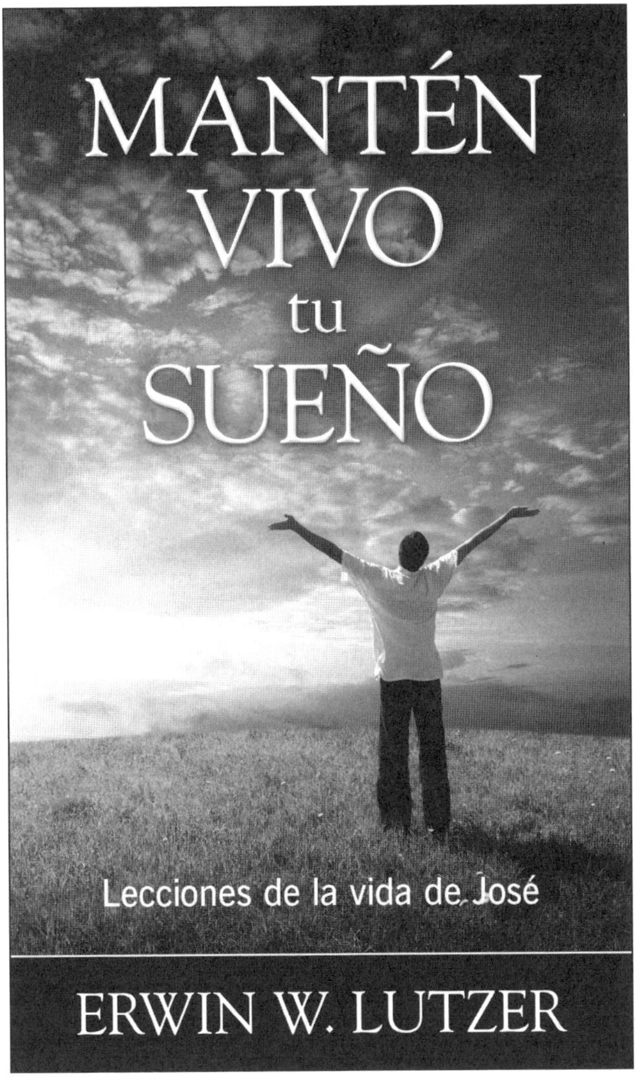
MANTÉN
VIVO
tu
SUEÑO
Lecciones de la vida de José
ERWIN W. LUTZER

EDITORIAL
PORTAVOZ

NUESTRA VISIÓN

Maximizar el efecto de recursos cristianos de calidad que transforman vidas.

NUESTRA MISIÓN

Desarrollar y distribuir productos de calidad —con integridad y excelencia—, desde una perspectiva bíblica y confiable, que animen a las personas a conocer y servir a Jesucristo.

NUESTROS VALORES

Nuestros valores se encuentran fundamentados en la Biblia, fuente de toda verdad para hoy y para siempre. Nosotros ponemos en práctica estas verdades bíblicas como fundamento para las decisiones, normas y productos de nuestra compañía.

Valoramos la excelencia y la calidad
Valoramos la integridad y la confianza
Valoramos el mérito y la dignidad de los individuos y las relaciones
Valoramos el servicio
Valoramos la administración de los recursos

Para más información acerca de nuestra editorial y los productos que publicamos visite nuestra página en la red: www.portavoz.com